Der Marsch von Portola und die Entdeckung der Bucht von San Francisco

Zoeth Skinner Eldredge

EJ Molera

Writat

Diese Ausgabe erschien im Jahr 2024

ISBN: 9789359940397

Herausgegeben von
Writat
E-Mail: info@writat.com

Inhalt

Einleitung ....- 1 -

DER MARSCH VON PORTOLÁ UND DIE ENTDECKUNG
DER BUCHT VON SAN FRANCISCO ....- 5 -

Von Zoeth S. Eldredge ....- 5 -

DATEN ZU DON GASPAR DE PORTOLÁ,
NACHDEM ER KALIFORNIEN VERLASSEN HATTE .- 33 -

Von EJ Molera ....- 33 -

Gründe, die die spanische Regierung dazu bewogen, eine
Expedition zu entsenden ....- 36 -

DAS PROTOKOLL DES SAN CARLOS ....- 37 -

Alias Toison De Oro (Goldenes Vlies) ....- 37 -

Bericht von Don Juan Manuel de Ayala, Kommandant des
Packet Boat San ....- 44 -

Beschreibung des neu entdeckten Hafens von San Francisco - 46
-

Gelegen in 37° 53' nördlicher Breite, 17° 10'
westlicher Länge von San Blas ....- 46 -

Aufklärung des Hafens von San Francisco, mit Karte ....- 48 -

Personenverzeichnis ....- 56 -

FUSSNOTEN: ....- 59 -

Einführung

In den Abenteuergeschichten gibt es keine spannenderen Erzählungen über heldenhafte Beharrlichkeit bei der Erfüllung von Pflichten als die Aufzeichnungen spanischer Erkundungstouren in Amerika. Für diejenigen von uns, die in den Besitz des von ihnen erschlossenen schönen Landes gelangt sind, ist die Geschichte ihrer Reisen und Abenteuer von größtem Interesse. Der Bericht über die Expedition von Portolá wurde nie ordnungsgemäß präsentiert. Viele Autoren haben es angesprochen, und HH Bancroft gibt in seiner Geschichte Kaliforniens einen kurzen Auszug aus Crespis Tagebuch. Die meisten Autoren zur kalifornischen Geschichte haben sich auf Palous Vida del VPF Junipero Serra und Noticias de la Nueva California gestützt und, ohne weiter zu suchen, die kirchliche Erzählung akzeptiert. Wir haben uns in dieser Skizze bemüht, in einer klaren und prägnanten Form die Bedingungen darzustellen, die der Besetzung Kaliforniens vorausgingen und zu ihr führten.

Die Bedeutung Kaliforniens für die Kontrolle des Pazifiks wurde früh von den europäischen Großmächten erkannt, von denen einige nur wenig Respekt vor der Bulle von Papst Alexander VI. hatten, die die Neue Welt zwischen Spanien und Portugal aufteilte. England, Frankreich und Russland schickten wiederholt Expeditionen in den Pazifik. Im Jahr 1646 sandte die britische Admiralität zwei Schiffe aus, um in der Hudson's Bay nach einer nordwestlichen Passage zur Südsee zu suchen, von denen eines den bezeichnenden Namen Kalifornien trug. Die Reise von Francis Drake (1577-1580) war ein privates Unterfangen, aber in Drake's Bay verkündete er die Souveränität von Elizabeth und nannte das Land New Albion. Zweihundert Jahre später (1792-1793) erkundete Kapitän George Vancouver die Küste Kaliforniens bis zu dreißig Grad nördlicher Breite (Ensenada de Todos Santos), die, wie er sagt, „die südlichste Grenze von New Albion ist, wie von Sir Francis entdeckt". Drake oder Neukalifornien, wie die Spanier es häufig nennen. Selbst nach der Besetzung und Besiedlung durch die Spanier waren ihre Einrichtungen so schwach, dass, wie Vancouver der Admiralität berichtet, nur eine kleine Streitmacht nötig wäre, um Spanien diesen wertvollsten Besitz zu entreißen. Aber obwohl die zunehmende Schwäche Spaniens die Zeit ankündigte, in der sein Einfluss auf Amerika gelockert werden würde, wurde der Standard des individuellen Heldentums nicht gesenkt, und die Errungenschaften von Portolá und Anza stehen denen von De Soto und Coronado in nichts nach. Der kalifornische Entdecker musste sich allerdings nicht durch Horden wilder Eingeborener kämpfen. Die kalifornischen Indianer empfingen die weißen Abenteurer in der Regel gern und bewirteten sie mit der Gastfreundschaft, die sie zu bieten hatten, aber die Indianer nördlich des Santa-Barbara-Kanals waren ein dürftiges Volk. In einem Land voller Wildtiere aller Art, einem Meer, in dem es von Fischen wimmelt, und einem Boden, auf dem sich alle Arten von Nahrungsmitteln anbauen lassen, lebten diese elenden Eingeborenen in einem chronischen Zustand des Hungers.

Sowohl in seinen heroischen Qualitäten als auch in seinem Können und Urteilsvermögen pflegt Portolá die besten Traditionen Spaniens. Der Erfolg einer Expedition hängt vom Charakter des Leiters ab. Pánfilo de Narváez landete im April 1528 an der Küste Floridas, mit einer gut ausgerüsteten Armee von dreihundert Mann und vierzig Pferden, nur der Hälfte der Streitmacht, mit der er im vergangenen Juni von Spanien aus segelte, und der dreihundert Mann, die er anführte In Florida erreichten nur vier die Zivilisation, der Rest kam ums Leben. Das ist nur ein Beispiel für inkompetente Führung. Als Portolá seine Expedition für den Marsch von der Bucht von San Diego nach Monterey organisierte, waren viele seiner Soldaten an Skorbut erkrankt, und zu einem Zeitpunkt auf dem Marsch standen neunzehn Männer auf der Krankenliste, darunter der Gouverneur und Rivera, sein Oberoffizier. Sechzehn Männer mussten getragen werden, und dreien wurde im Extremfall das Viaticum verabreicht; aber er brachte sie alle durch und kehrte ohne den Verlust eines Mannes nach San Diego zurück.

Es gibt zwei vollständige Tagebücher dieser Expedition, eines von Pater Crespi und das andere von Alférez Costansó . Außerdem gibt es ein Tagebuch von Junípero Serra über den Marsch von Velicatá zur Bucht von San Diego, dessen Übersetzung im März-Juli 1902 in der Zeitschrift Out West (Los Angeles) abgedruckt ist. Es ist für den Studenten von geringem Wert Geschichte. Es gibt ein Tagebuch von Portolá , das von Bancroft zitiert wird, und ein Fragmento von Ortega, das auch von Bancroft verwendet wird. Diese haben wir nicht gesehen. Es gibt Briefe von Francisco Palou, Juan Crespi und Miguel Costansó , gedruckt in Out West für Januar 1902. Das Tagebuch von Pater Crespi ist in Palous Noticias de la Nueva California abgedruckt. Documentos para la Historia de Mexico, Nachdruck San Francisco, 1874. Das Tagebuch von Miguel Costansó befindet sich in der Sutro- Bibliothek. Es wurde nie gedruckt. Dem geht eine historische Erzählung voran, von der eine schlechte Übersetzung 1790 bei Dalrymple, London, und eine bessere von Chas veröffentlicht wurde. F. Lummis in Out West, Juni-Juli 1901. In Publications of the Historical Society of Southern California, Bd. II, Teil 1, Los Angeles, 1891, eine Reihe von Dokumenten der Sutro- Sammlung werden gedruckt, mit Übersetzungen von George Butler Griffin. Diese beziehen sich auf die Erkundungen der kalifornischen Küste durch Schiffe von den Philippinen, die beiden Reisen von Vizcaino, mit einigen Briefen von Junípero Serra und Tagebücher der Reise der Santiago an die Nordküste im Jahr 1774.

Die hier vorgelegte Skizze ist das Ergebnis umfangreicher Studien von Originaldokumenten, und die Route der Expedition wird nach sorgfältiger Untersuchung der physischen Geographie, soweit möglich, und in anderen Fällen anhand der Konturkarten des Geological Survey unter Befolgung der Anweisungen festgelegt und Sprache, wie sie von den Tagebuchschreibern gegeben werden. Zu den konsultierten gedruckten Büchern gehören Palous Vida del Padre Junipero Serra und seine oben erwähnten Noticias de la Nueva California. Die Eroberung des Großen Nordwestens, Agnes C. Laut , New York, 1908; Geschichte Kaliforniens von HH Bancroft; Verträge über die Schifffahrt, Cabrera Bueno, Übersetzung, Dalrymple, London, 1790; Die Entdeckung der San Francisco Bay, George Davidson und Francis Drake an der Nordwestküste Amerikas im Jahr 1579, derselbe Autor; Verfahren der Geographical Society of the Pacific.

Im Hinblick auf das bevorstehende Portolá- Festival ernannte das California Promotion Committee über sein Empfangskomitee drei seiner Mitglieder, um eine Geschichte der ersten Expedition zur Besiedlung Kaliforniens zusammenzustellen. In dem Bemühen, weitere Erkenntnisse über das Leben und den Charakter von Portolá zu erlangen , wurde dem Komitee durch die Bemühungen eines seiner Mitglieder ermöglicht, eine sorgfältige Suche in den Archiven von Madrid, dem indischen Büro in Saville und den Archiven durchführen zu lassen Stadt von Mexiko und Puebla, und obwohl wir über Portolá bisher wenig zu zeigen haben, haben wir andere Dokumente von größter Bedeutung für die Geschichte von San Francisco erhalten: eine Chronik der Ereignisse nach der Entdeckung der Bucht.

Durch königlichen Erlass lief Anfang des Jahres 1775 eine Seeexpedition zur Erkundung der nordwestlichen Küsten Amerikas von San Blas aus aus. Diese bestand aus der Fregatte Santiago unter dem Oberbefehlshaber Don Bruno de Heceta ; das Paketschiff San Carlos unter Leutnant Ayala und der Schoner Sonora unter Leutnant Bodega. Leutnant Ayala wurde mit der Erkundung der Bucht von San Francisco beauftragt, während die Santiago und die Sonora Richtung Norden segelten. Bodega entdeckte die Bucht, die seinen Namen trägt, und Heceta (um seinen Namen so zu buchstabieren, wie er normalerweise geschrieben wird) entdeckte den Columbia River. Bancroft (History of California) nennt Palous Vida als Autorität für seinen kurzen und falschen Bericht über Ayalas Vermessung und sagt: „Es ist bedauerlich, dass weder eine Karte noch ein Tagebuch dieser frühesten Vermessung vorhanden ist." Es ist uns eine Freude, diese wichtigen Dokumente, die jetzt zum ersten Mal gedruckt wurden, der Öffentlichkeit vorzustellen, und wir bedauern nur, dass die Kürze der Zeit, die für ihr Studium zur Verfügung stand, vielleicht später einige kleinere Korrekturen erforderlich machen könnte.

Wir haben auch vom spanischen Marineminister Don José Ferrano mit dem Datum 14. Juli 1909 eine Zeichnung des Paquebots San Carlos zusammen mit der Aufzeichnung ihres tapferen Kommandanten Don Juan Manuel de Ayala erhalten.

am 28. Dezember 1745 in Osuna, Andalusien , geboren . Er trat am 19. September 1760 in das Marine Corps ein und wurde am 10. Oktober 1767 zum Alférez de Fragata ernannt; Alférez de Navio , 15. Juni 1769; Teniente de Fragata , 28. April 1774; Teniente de Navio , Februar 1776; und Capitan de Fragata , 21. Dezember 1782.

Als der Auftrag zur Erkundung der Nordküste erteilt wurde, war Ayala einer der mit der Arbeit beauftragten Offiziere. Er kam im August 1774 in Vera Cruz an, reiste weiter nach Mexiko-Stadt und wurde von Vizekönig Bucareli nach San Blas beordert, wo ihm das Kommando über den Schoner Sonora übertragen wurde. Das Geschwader unter Heceta hatte sich kaum in Bewegung gesetzt, als der Kommandant der San Carlos, Don Miguel Manrique, plötzlich verrückt wurde. Ayala wurde zum Befehlshaber des Paketbootes beordert und kehrte mit dem unglücklichen Offizier nach San Blas zurück, um dem Geschwader einige Tage später zu folgen.

Im Dezember 1775 führte Ayala eine Erkundungstour an der Küste von Neuspanien durch, und am Ende erhielt sie das Kommando über die Santiago und diente bis Oktober 1778 den neuen Niederlassungen in Kalifornien. Im August 1779 wurde er als Kommandeur der San Carlos auf die Philippinen geschickt und kehrte 1781 nach San Blas zurück. Im Juli 1784 kehrte er nach Spanien zurück und wurde am 14. März 1785 auf eigenen Wunsch in den Ruhestand versetzt , der königliche Befehl gewährte ihm als Gegenleistung für seine Dienste für Kalifornien die volle Bezahlung als Kapitän der Fregatte. Er starb am 30. Dezember 1797.

Zoeth S. Eldredge,

EJ Molera ,

Charles H. Crocker,

San Francisco, August 1909. – Ausschuss.

DER MARSCH VON PORTOLÁ UND DIE ENTDECKUNG DER BUCHT VON SAN FRANCISCO

Von Zoeth S. Eldredge

Die öffentliche Meinung akzeptiert die oft wiederholte Aussage, dass die Besiedlung Kaliforniens dem frommen Eifer eines hingebungsvollen Priesters zu verdanken war, der die Seelen der Heiden retten wollte, ergänzt durch die väterliche Fürsorge eines Monarchen, der sich um das Wohlergehen seiner Untertanen sorgte. Die politischen Erfordernisse des Tages sind vergessen; Militärkommandeure und Zivilgouverneure versinken in der Bedeutungslosigkeit und werden zu bloßen Vollstreckern des priesterlichen Willens, während die heroischen Bemühungen von Junípero Serra, die Eingeborenen zu bekehren, sein Mut angesichts der Gefahr, sein erhabener Eifer und seine unermüdliche Hingabe ihn zum Antrieb machen Faktor bei der Kolonisierung Kaliforniens.

, dass sich alle Historiker bei der Darstellung der Besetzung auf die Schriften von Fray Francisco Palou, Freund, Schüler und Nachfolger von Junípero , stützen. Fray Palou beschreibt ausführlich das glorreiche Leben des Anführers, mit dem er zusammengearbeitet hat. Er lobt den würdigen Priester, den leidenschaftlichen Missionar, der durch das Land zog, Missionen gründete und Weinreben, Olivenbäume und Obstbäume in einem Land pflanzte, dessen Bewohner oft unter Hunger gelitten hatten. Den Kranken und Müden Hilfe und Trost spenden und den Sterbenden Trost spenden. Tatsächlich sind die Bilder der Padres faszinierend. Die von der Kirche gegründeten jungen Einrichtungen wurden reich und mächtig, aber die Verwaltung der Priester war so weise und sanft und ihre Gastfreundschaft so großzügig, dass das Leben in Kalifornien im ersten Viertel des 19. Jahrhunderts fast ein Dolce-far-niente-Dasein war.

So strahlend die von Palou gezeichnete Priesterfigur des Junípero auch ist , der sorgfältige Forscher wird feststellen, dass der treibende Faktor für die Besetzung Kaliforniens eine strenge militärische Notwendigkeit und nicht missionarischer Eifer war. Seit der Zeit Cabrillos hatte Spanien durch Entdeckung Anspruch auf die Küsten des Pazifiks bis zum 42. Grad nördlicher Breite erhoben, aber es waren mehr als zweihundert Jahre vergangen, und es hatte nichts unternommen, um dieses Recht durch Siedlungen wiedergutzumachen. Das Land war offen für die Kolonisierung durch jede Nation, die stark genug war, ihre Kolonien zu erhalten und zu schützen.

Bevor wir die Geschichte von Portolás Marsch erzählen, wollen wir einen Moment über die Situation Kaliforniens im Verhältnis zu Spanien und anderen europäischen Nationen nachdenken. Dann werden wir verstehen, warum Spanien es für notwendig hielt, das Land zu besetzen.

Als Legaspi 1565 die Eroberung der Philippinen vollendete, schickte er sein Flaggschiff, die San Pedro, unter dem Kommando seines Enkels Felipe Salcedo nach Neuspanien zurück mit dem Auftrag, eine praktikable Route für von den Inseln zurückkehrende Schiffe zu vermessen und zu kartieren. Die San Pedro segelte am 1. Juni 1565 von Cebu aus und nahm ihren Kurs von Ost nach Nordost zu den Ladrones, von dort nach Norden bis zum 38. Breitengrad, von wo aus sie nach Osten segelte und dem Kuroshiwo , dem Schwarzen Strom Japans, folgte, wo sie landete der Küste Kaliforniens etwa auf dem Breitengrad von Kap Mendocino. Eine zweitausendfünfhundert Meilen lange Fahrt entlang der Küsten Kaliforniens und Neuspaniens brachte die Reisenden zum Hafen von Acapulco. Diese Route wurde von den Priestern an Bord der San Pedro kartiert und diente fast drei Jahrhunderte lang als Route für die Galeonen Spaniens, die von Manila nach Acapulco segelten. Die Reise über den Pazifik war lang und in Seenot geratene Schiffe mussten sich auf den Weg nach Japan machen. Ein Hafen an der kalifornischen Küste, in dem Schiffe Schutz finden und Schäden reparieren konnten, war ein großer Wunsch. Es wurde eine Untersuchung der unbekannten Küsten des sogenannten Südmeeres angeordnet, und es wurde auch vorgeschlagen, die Erkundungen über den 42. Grad nördlicher Breite hinaus auszudehnen, da die Küste ein Teil davon sei Derselbe Kontinent wie China oder nur durch die schmale Anian- Straße von diesem getrennt , von der angenommen wurde, dass sie sich auf dem 42. Breitengrad öffnet.

Bis zu diesem Zeitpunkt war die einzige Erkundung der Nordküste Kaliforniens die von Juan Rodrigues Cabrillo und wurde nach seinem Tod von seinem Chefpiloten Bartolomé Ferrelo in den Jahren 1542–1543 fortgesetzt. Cabrillo segelte bis nach Fort Ross nach Norden, ankerte im Golf der Farallones , vor dem Eingang zum Golden Gate, und suchte dann Zuflucht vor den schrecklichen Stürmen auf der Insel San Miguel im Santa-Barbara-Kanal, wo er starb. Ferrelo übernahm das Kommando und segelte zum Kap Mendocino, das er zu Ehren von Don Antonio de Mendoza, dem ersten Vizekönig von Neuspanien, benannte.

Am 17. Juni 1579 flüchtete Francis Drake, Kommandant der Golden Hinde, in die Bucht unter Point Reyes, die heute als Drake's Bay bekannt ist. Er nahm das Land im Namen von Königin Elizabeth in Besitz und nannte es New Albion, wegen der weißen Klippen, die, wie Chaplain Fletcher schreibt, „zum Meer hin liegen" und auch „um eine gewisse Ähnlichkeit mit unserem eigenen Land zu haben". ." An diesem Ort und zu dieser Zeit wurde der erste englische Gottesdienst in Amerika von Meister Francis Fletcher, dem Kaplan von Francis Drake, abgehalten. Das „Prayer Book Cross" im Golden Gate Park, San Francisco, erinnert an das Ereignis.

Drake blieb siebenunddreißig Tage in dieser Bucht, rüstete sein Schiff um, versorgte sich mit Holz und Wasser und segelte am 23. Juli nach Südost-Faallones , wo er einen Vorrat an Robbenfleisch anlegte, und segelte am 25. über den Pazifik England über das Kap der Guten Hoffnung.

Im Jahr 1585 wurde Kapitän Francisco de Gali , der zu den Philippinen segelte, angewiesen, auf der Rückreise so weit nach Norden zu segeln, wie das Wetter es erlaubte, und bei Erreichen der Küste Kaliforniens auf dem Heimweg das Land und die Häfen zu untersuchen , mache Karten von allem und berichte über alles, was er erreicht hat. Aus Galis Bericht geht nicht hervor , dass er etwas Besonderes erreicht hat. Er erreichte die Küste bei 37° 30' Breite (Pillar Point) und stellte fest, dass das Land hoch und schön war; dass die Berge 1_schneefrei waren und dass es entlang der Küste viele Hinweise auf Flüsse, Buchten und Zufluchtsorte gab.

Im Jahr 1594 segelte Kapitän Sebastian Cermeñon , ein portugiesischer Seemann im Dienste Spaniens, mit ähnlichen Befehlen wie Gali zu den Philippinen . Bei dem Versuch, die Küste zu erkunden, verlor er sein Schiff, die San Agustin. Es wird vermutet, dass sie einen der Farallones traf und in Drake's Bay gestrandet ist. Aus einem Baumstamm bauten sie ein Boot namens Viroco , in dem die mehr als siebzigköpfige Schiffsbesatzung ihre Heimreise fortsetzte. Das kleine Schiff erreichte Puerto de Navidad sicher, und hier überließen der Kommandant und ein Teil der Kompanie es dem Lotsen Juan de Morgana mit einer Besatzung von zehn Mann, der es am 31. Januar 1596 nach Acapulco brachte ; eine höchst bemerkenswerte Reise von fast 2.500 Meilen mit schiffbrüchigen, kranken und hungrigen Männern, zusammengedrängt in einem offenen Boot. Mit dem Verlust der San Agustin endeten die Erkundungen der kalifornischen Küste durch beladene Schiffe von den Philippinen.

Irgendwann vor dem Sommer 1595 schloss der Vizekönig von Neuspanien, Don Luis de Velasco, eine Vereinbarung mit bestimmten Personen, die die Erforschung der Küsten Kaliforniens und die Besiedlung des Landes anstrebten. Die Gegenleistung für dieses Unternehmen, das auf Kosten der Abenteurer gehen sollte, war das Privileg des Perlenfischens und des Perlenhandels, zusammen mit allen Ehren, Vergünstigungen und Befreiungen, die normalerweise den Friedensstiftern und Siedlern neuer Provinzen zuteil werden. Die Vorbereitungen für die Expedition waren im Gange, als es zu einem Streit zwischen dem Anführer und seinen Partnern im Unternehmen kam und die Angelegenheit vor Gericht gebracht wurde. Bevor eine Entscheidung getroffen wurde, starb der Anführer und der

Richter befahl den anderen Partnern, darunter Sebastian Vizcaino, innerhalb von drei Monaten die Reise nach Kalifornien anzutreten . Aufgrund dieses Befehls wandte sich Vizcaino an Vizekönig Velasco und erhielt seine Erlaubnis, die Reise anzutreten. Dies war die Lage, als Velasco am 5. Oktober 1596 abgelöst wurde und ein neuer Vizekönig, Don Gaspar de Zúñiga y Azevedo, Graf von Monterey, das Kommando übernahm. Auf Velascos Bitte untersuchte Zúñiga sorgfältig alle Angelegenheiten im Zusammenhang mit der Expedition nach Kalifornien , und das Ergebnis war für Vizcaino nicht günstig. Der neue Vizekönig glaubte nicht, dass ein Unternehmen, das zu Ergebnissen von so enormer Bedeutung führen könnte, der Führung einer Person mit solch obskurer Stellung und begrenztem Kapital anvertraut werden sollte. Er bezweifelte auch, dass Vizcaino über die nötige Entschlossenheit und Kapazität für ein so großes Unterfangen verfügte, und es schien ihm, dass Unruhen unter seinen Männern durch mangelnde Disziplin entstehen würden oder ob die Eingeborenen des Landes, in das er ging, ihn abstoßen würden , wären der Ruf und die königliche Autorität des Königs in Gefahr. Auf der anderen Seite standen die Entscheidung des Gerichts, das Zugeständnis des Vizekönigs und die Tatsache, dass Vizcaino in dieser Angelegenheit bereits auf Kosten gewesen war. Zúñiga teilte dem ehemaligen Vizekönig seine Zweifel mit, der die Frage in seiner Verwirrung einem Theologen und einem Juristen vorlegte, die, wie der Vizekönig schreibt, aus der Reihe derjenigen ausgewählt wurden, deren Meinungen am meisten berücksichtigt werden sollten. Ihre Entscheidung war, dass das Zugeständnis des Vizekönigs die Kraft einer Vereinbarung und eines Vertrags habe; dass das, was zunächst ein Gefallen gewesen war, zu einem Recht geworden war, und dass der Vertrag nicht geändert werden konnte, da der Kapitän keine Unfähigkeit gezeigt und sich keiner Straftat schuldig gemacht hatte. Die audiencia 2 , der auch Zúñiga die Angelegenheit vorlegte, war derselben Meinung. Angesichts der Länge der Angelegenheit beschloss der Vizekönig daher, den Vertrag nicht zu annullieren, sondern alles in seiner Macht Stehende zu tun, um den Erfolg der Expedition sicherzustellen . Damit die Soldaten Vizcainos ihn respektierten und schätzten, kleidete ihn der Vizekönig mit Autorität und erwies ihm die größte Ehre. Er forderte von Vizcaino, ihm vollständige Memoranden und Inventare der Schiffe und Lanchas zu liefern, die er mitzunehmen beabsichtigte, mit ihren Segeln und Geräten, der Anzahl der Personen und den Vorräten für sie, Waffen, Munition und allem anderen Eigentum usw Er wies die königlichen Offiziere in Acapulco an, dass die Expedition erst dann auslaufen dürfe, wenn sie vollständig mit allem ausgestattet sei, was für die Reise und die Sicherheit der Menschen notwendig sei. Als der Indische Rat Zúñigas Bericht erhielt, befahl er ihm, Vizcainos Auftrag zu annullieren und einen anderen Anführer für die Expedition auszuwählen, doch bevor dieser Befehl den Vizekönig erreichen konnte, war Vizcaino abgereist. Die Expedition bestand aus dem Flaggschiff

San Francisco, sechshundert Tonnen; die San José, ein kleineres Schiff unter dem Kommando von Kapitän Rodrigo de Figueroa, und eine Lancha. Vizcaino segelte im März 1596 von Acapulco aus. Sein erster Halt war im Hafen von Calagua an der Küste von Colima, wo er einige seiner Leute und Vorräte aufnahm, und bis zu diesem Zeitpunkt schickte der wachsame Vizekönig einen persönlichen Vertreter, um diesen Vizcaino zu sehen allen seinen Anforderungen nachzukommen und über das Verhalten seiner Soldaten zu berichten. Von hier aus segelte Vizcaino nach Nordwesten zum Kap Corrientes und von dort nach Norden zu den Inseln San Juan de Mazatlan . Von Mazatlan aus steuerte er westnordwestlich über den Golf von Kalifornien und landete in einer großen Bucht, die er San Felipe nannte und die später als Bucht von Cerralbo bekannt wurde . Von hier aus ging er in die Bucht von La Paz , die er wegen des friedlichen Charakters der Indianer so nannte, die ihn gastfreundlich mit Geschenken aus Fisch, Wild und Früchten empfingen. Es wird angenommen, dass dies der Ort war, an dem Jimenez, der Entdecker Kaliforniens, 1533 sein Leben verlor und wo Córtez zwei Jahre später seine unglückliche Kolonie gründete. Beim Einlaufen in die Bucht lief das Flaggschiff auf eine Untiefe, und man war gezwungen, seine Masten abzuschneiden und es von seiner Proviantladung zu befreien, von der ein großer Teil nass und verloren war. Hier landete Vizcaino und baute eine Palisadenfestung. Er überließ das demontierte Flaggschiff und die verheirateten Männer seiner Kompanie dem Kommando seines Leutnants Figueroa und segelte am 3. Oktober mit der San José und der Lancha sowie achtzig Männern aus, um den Golf zu erkunden. Er erlebte heftige Stürme, die seine Schiffe trennten, und da seine Männer nicht die nötige Disziplin hatten, geriet er in Schwierigkeiten mit den Indianern an der Küste, bei denen neunzehn Männer durch das Umkippen des langen Bootes des Schiffes verloren gingen. Er kehrte nach La Paz zurück, wo seine Männer, entmutigt durch die Stürme und den Verlust ihrer Kameraden, die Rückkehr nach Neuspanien forderten. Sein Vorrat an Proviant ging zur Neige, und er setzte die Unzufriedenen auf das Flaggschiff und die Lancha, schickte sie zurück und segelte mit der San José und vierzig der abenteuerlustigeren Männer am 28. Oktober erneut in Richtung der Quellgebiete von der Golf. Sechsundsechzig Tage lang kämpfte er gegen starke Nordwinde und schaffte es nur, den neunundzwanzigsten Breitengrad zu erreichen; Dann gab er den Forderungen seiner Männer nach und segelte zum Hafen der Inseln Mazatlan

Die Ergebnisse der Expedition trugen nicht zu Vizcainos Ruf bei, aber er berichtete äußerst begeistert von seinen Entdeckungen. Er erzählte von einem Land, das doppelt so groß wie Neuspanien und in einer weitaus besseren Lage sei; seine Meere sind reich an Perlen von ausgezeichneter Qualität und an Fischen aller Art, in einer Menge, die in keinem anderen entdeckten Meer enthalten war; während im Landesinneren, etwa zwanzig

Tagesreisen nach Nordwesten, Menschen lebten, die in Städten lebten, Kleidung trugen, Gold- und Silberschmuck trugen, Umhänge aus Baumwolle, Mais und Proviant, Geflügel des Landes (Truthahn) und von Kastilien (Hühner); so sagten es ihm die Indianer – nicht nur an einem Ort, sondern an vielen. Er verlangte die Erlaubnis zu einer weiteren Reise, und da die letzte Expedition seine eigenen Mittel erschöpft hatte, bat er darum, ihm 35.000 Dollar aus der königlichen Schatzkammer und Ausrüstung für seine Schiffe zu gewähren. Er erklärte sich bereit, diese Vorschüsse aus dem ersten Gewinn zurückzuzahlen, den er während der Reise erzielte. Er bat auch im Namen seiner Begleiter darum, dass die Länder, die er der Krone unterworfen hatte, ihnen für fünf Leben als Encomienda übergeben werden 3 ; dass sie zu Gentlemen ernannt werden und alle Vergünstigungen, Befreiungen und Freiheiten erhalten, die andere Gentlemen genießen, nicht nur in den Provinzen Indiens, sondern auch in Spanien. Für diese und andere erbetene Gefälligkeiten erklärte sich Vizcaino bereit, mit fünf Schiffen zu segeln, ausgerüstet mit angemessener Artillerie, einhundertfünfzig Mann, Waffen und Munition, Proviant usw. – alles, was für die Reise notwendig war. Er zahlte dem König ein Fünftel des gesamten gewonnenen Goldes, der Edelsteine und wertvollen Mineralien, ein Zehntel des erbeuteten Fisches und ein Zwanzigstel des gewonnenen Salzes. Er erklärte sich auch bereit, die gesamte Ensenada und den Golf von Kalifornien zu entdecken , das Land im Namen seiner Majestät in Besitz zu nehmen, Siedlungen zu errichten, Festungen zu bauen und das Landesinnere über eine Entfernung von hundert Meilen zu erkunden.

Vizcainos rosafarbener Bericht täuschte die Behörden nicht, aber da er über die nötige Ausrüstung und einige Erfahrung verfügte, entschied der Rat, dass er der beste Mann für die Leitung der Expedition sei, obwohl Zúñiga Don Gabriel Maldonado aus Saville als Kommandeur bevorzugte . Der Rat ordnete an, Vizcaino aus der königlichen Schatzkammer mit allen notwendigen Mitteln zu versorgen; es gewährte den Segen der Encomienda für drei Leben und dass die Entdecker alle Privilegien der Gentlemen in ganz Indien genießen sollten. Es gewährte auch andere erbetene kleinere Privilegien und Segen. Vizcaino wurde zum Generalkapitän der Expedition ernannt und segelte am 5. Mai 1602 von Acapulco aus mit dem Auftrag, die Küsten Kaliforniens vom Kap San Lucas bis zum Kap Mendocino oder bis zum 42. Breitengrad nördlich zu erkunden. Seine Schiffe waren das Flaggschiff San Diego, die Santo Tomas unter Toríbio Gomez de Corvan , die Tres Reyes, ein kleines Fragata oder Tender unter Alférez Martin Aguilar, und ein Barcolongo zur Erkundung von Flüssen und Buchten 4 . Der Chefpilot der Expedition war Francisco Bolaños, der zusammen mit Cermeñon einer der Piloten auf der verlorenen San Agustin gewesen war. Drei barfüßige Karmeliter kümmerten sich um die spirituellen Bedürfnisse der Abenteurer. Die Geschichte dieser zweiten Reise von Vizcaino ist bekannt. Am 10. November befanden sie sich in der Bucht von San Diego, die Vizcaino nach San Diego de Alcalá benannte , dessen Tag, den 14. November, sie in der Bucht verbrachten, ohne auf den Namen San Miguel zu achten, den Cabrillo ihm sechzig Jahre zuvor gegeben hatte . Später im Monat betrat er die Bucht von San Pedro und benannte sie nach dem heiligen Petrus, dem Bischof von Alexandria, dessen Tag, der 26. November, war. Er benannte auch die Inseln, die noch heute als Santa Catalina und San Clemente bekannt sind. Als nächstes segelte er durch den Canal de Santa Barbara und benannte ihn. Der heilige Tag, der 4. Dezember, wurde im Kanal begangen, und er nannte ihn auch Isla de Santa Barbara und Isla de San Nicolas. Vorbei an Punta de la Concepcion, die er 5 nannte , segelte Vizcaino in dichtem Nebel die Küste hinauf, der sich am 14. Dezember lichtete und den Reisenden die hohe Küstenkette offenbarte, die normalerweise von den von den Philippinen kommenden Schiffen gesichtet wurde. Vier Meilen weiter sahen sie einen Fluss, der von hohen Hügeln durch ein wunderschönes Tal zum Meer floss. Den Bergen gab er den Namen Sierra de la Santa Lucia, zu Ehren des Heiligen, dessen Tag (13. Dezember) sie gerade gefeiert hatten, und dem Bach gab er den Namen Rio del Cármelo , zu Ehren der Karmeliterbrüder. Umrundung eines hohen bewaldeten Punktes, den er Punta de los nannte Pinos ging am 16. Dezember 1602 in der Bucht von Monterey vor Anker. Hier fand Vizcaino den begehrten Zufluchtshafen und benannte ihn nach seinem Gönner, dem Conde de Monterey. Vizcaino machte das Beste aus seiner Entdeckung und lieferte in einem Brief an den König, den er am 28. Dezember 1602 in Monterey Bay schrieb 6 , eine äußerst treffende Beschreibung der Bucht, die bestenfalls nur eine offene Reede ist. Die Indianer erzählten ihm wie üblich von großen Städten im Landesinneren, zu deren Besuch sie ihn einluden, aber Vizcaino konnte nicht verweilen. Seine Vorräte waren fast aufgebraucht, seine Männer waren an Skorbut erkrankt, an dem viele gestorben waren, und er brachte die Hilflosesten an Bord der Santo Tomas, schickte sie zur Hilfe nach Acapulco und segelte am 3. Januar 1603 mit dem Flaggschiff und fragata , für den Norden. Ein Sturm trennte die Schiffe bald voneinander und sie sahen sich erst wieder, als sie sich im Hafen von Acapulco trafen. Vizcaino wurde vom Piloten Bolaños mitgeteilt, dass Cermeñon eine große Menge Wachs und mehrere Kisten Seide in der Drake-Bucht zurückgelassen hatte , und er betrat die Bucht am 8. Januar, um zu sehen, ob noch Überreste von Schiff oder Ladung übrig waren. Er landete nicht, sondern wartete auf die Ankunft der Fragata . Da sie nicht erschien, wurde er unruhig und segelte am nächsten Morgen auf die Suche nach ihr. Am 13. trieb ihn ein heftiger Sturm aus Südosten nordwärts. Darauf folgte dichter Nebel, und als dieser sich lichtete, befand er sich auf dem Breitengrad zweiundvierzig – der Grenze seiner Anweisungen – mit Kap Blanco in Sichtweite, „und der Trend der Küstenlinie ging weiter", schreibt er, „zu Japan und Großchina, die nur einen

Katzensprung entfernt sind." Nur noch sechs seiner Männer konnten das Deck behalten, und er machte sich auf den Weg nach Acapulco, wo er am 21. März 1603 ankam. Von der Kompanie, die mit ihm segelte, waren zweiundvierzig gestorben.

Im Jahr 1606 befahl Philipp III., König von Spanien, Monterey zu besetzen und dort Vorkehrungen zu treffen, um die philippinischen Schiffe zu unterstützen und auszurüsten. Er wies an, Vizcaino das Kommando über die Expedition zu übertragen. Seine Befehle wurden nicht ausgeführt und Vizcaino segelte stattdessen nach Japan, von wo er 1613 zurückkehrte und drei Jahre später starb.

Über einhundertsechzig Jahre lang wurden keine Schritte zur Befriedung und Besiedlung von Alta California unternommen. Die Galeonen setzten ihre jährliche Reise zu den Philippinen fort und segelten bei ihrer Rückkehr die Küste entlang in Sichtweite des schönen Landes. Es wurde jedoch kein Zufluchtshafen errichtet und es wurde kein Versuch unternommen, das Land zu kolonisieren.

Schließlich wurde dem spanischen König klar, dass zu ihrem Schutz Maßnahmen erforderlich waren, wenn er seine Besitztümer in Amerika behalten wollte . Die spanische Souveränität im Pazifik war bedroht. Die Russen hatten das Beringmeer überquert, sich an der Küste Alaskas niedergelassen und ihre Jäger weiteten ihre Jagd auf den Seeotter auf südlichere Gewässer aus. England hatte Frankreich Kanada entrissen und war bereit, seine Aufmerksamkeit auf die amerikanischen Besitztümer Spaniens zu richten. Der Familienvertrag der Bourbonenfürsten von Frankreich, Spanien und Italien hatte den Zorn von Pitt erregt, der sich damals auf dem Höhepunkt seines Ruhms befand, und er beschloss, von Spanien eine Erklärung zu verlangen und sie, da er diese nicht erhielt, zu Hause anzugreifen und im Ausland, bevor sie bereit war, und erklärte, dass es an der Zeit sei, das ganze Haus Bourbon zu demütigen. Eine Überprüfung im Kabinett führte zu Pitts Rücktritt, doch 1766 kam er mit unverminderter Tatkraft und Arroganz wieder an die Macht.

Am 27. Februar 1767 erließ Don Carlos III. von Spanien sein berühmtes Dekret, mit dem er die Jesuiten aus den spanischen Herrschaftsgebieten vertrieb. Diese Gesellschaft hatte eine Reihe von Missionen in Niederkalifornien gegründet, und Don Gaspar de Portolá , ein Dragonerkapitän des spanischen Regiments, wurde zum Gouverneur der Kalifornier ernannt und segelte von Tepic aus mit 25 Dragonern, 25 Infanteristen usw vierzehn Franziskanermönche, um die Jesuiten zu enteignen und die kalifornischen Missionen den Franziskanern zu übergeben.

Nachdem der König vor dem Vormarsch der Russen an die Nordküste Kaliforniens gewarnt worden war, befahl er dem Vizekönig von Neuspanien, wirksame Maßnahmen zu ergreifen, um diesen Teil seines Herrschaftsgebiets vor der Gefahr einer Invasion und Beleidigung zu schützen. Während der Vizekönig nach einer Person suchte, die über ausreichende Bedeutung und Fähigkeiten verfügte, um ein so großes Unterfangen zu organisieren und durchzuführen, bot Don José de Galvez, Generalvisitador des Königreichs und Mitglied des Indischen Rates, seine Dienste an und meldete sich freiwillig nach Niederkalifornien zu gehen und die Organisation und Ausrüstung der Expedition zu übernehmen. Seine Dienste wurden eifrig angenommen und Galvez brach am 9. April 1768 von der Stadt Mexiko nach San Blas an der Küste von Neu-Galizien auf. Bevor er in diesem Hafen ankam, wurde er von einem Kurier des Vizekönigs eingeholt, der gerade vom Gericht erhaltene Befehle überbrachte, wonach sofort eine Seeexpedition nach Monterey geschickt und dieser Hafen befestigt werden sollte. Der Señor berief am 16. Mai 1768 die Junta in San Blas ein Visitador legte ihnen die Situation und die Wünsche des Königs vor. Er erklärte, dass Spanien an den äußeren oder westlichen Küsten Kaliforniens vom Kap San Lucas im Süden bis zum Rio de los Reyes [7] in 43 Grad beanspruchte, obwohl der einzige besetzte Teil vom Kap San Lucas bis zum 30° 30' reichte. [8] Der zivilisierte oder christliche Teil der Gemeinschaft (gente de razon – Menschen mit Vernunft) zählte seiner Meinung nach nicht mehr als vierhundert Seelen, einschließlich der Familien der Soldaten der Garnison von Loreto und der Bergleute im Süden ; dass, wenn Ausländer irgendeiner Nation sich in den berühmten Häfen von San Diego und Monterey niederlassen würden, sie sich dort befestigen könnten, bevor die Regierung davon Kenntnis erhalten könnte. Im gesamten Meer des Südens, das die Küsten von Neuspanien umspült, gab es keine anderen Schiffe als die beiden kürzlich in San Blas gebauten Paketschiffe, die San Carlos und die San Antonio, sowie zwei weitere kleine Schiffe, die den jesuitischen Missionaren dienten in ihrer Kommunikation zwischen Kalifornien und der Küste von Sonora. In diesen wenigen Schiffen befanden sich alle Seestreitkräfte, die einer ausländischen Invasion hätten entgegentreten können. All dies legte Galvez der Junta vor, in Anwesenheit des Abteilungskommandanten und der zufällig anwesenden Armeeoffiziere und Piloten. Es wurde beschlossen, eine Expedition auf dem Seeweg nach San Carlos und San Antonio zu schicken, und es wurde befohlen, die Schiffe vorzubereiten, während Galvez zur Halbinsel aufbrach, um sich um das Sammeln von Vorräten und Proviant zu kümmern. Für alle Missionen in Niederkalifornien wurden Gewänder und heilige Gefäße für die Gründung der neuen Missionen bereitgestellt, außerdem Trockenfrüchte, Wein, Öl, Reitpferde und eine Maultierherde; denn Galvez hatte beschlossen, die Seeexpedition durch eine Landexpedition zu ergänzen, damit die unendlichen Risiken und Gefahren einer langen Seereise den Versuch nicht zum Scheitern bringen könnten. Der Gouverneur, Don Gaspar de Portolá , meldete sich freiwillig zur Leitung der Expedition und wurde zum Oberbefehlshaber ernannt. Don Fernando de Rivera y Moncado , Kapitän des Präsidiums von Loreto, wurde zum zweiten Kommandanten ernannt. Die Truppen bestanden aus vierzig Kavalleristen des Präsidiums von Loreto in Niederkalifornien unter Rivera und fünfundzwanzig Infanteristen der Compania Franca von Katalonien unter Leutnant Don Pedro Fages . Zu den Präsidententruppen gesellten sich dreißig christliche Indianer aus den Missionen, bewaffnet mit Pfeil und Bogen. Diese waren für die Landexpedition gedacht. Die Mission Santa Maria, die nördlichste Mission auf der Halbinsel, war der Treffpunkt der Landstreitkräfte, und von Loreto aus wurden vier mit Proviant für die Landexpedition beladene Leichterboote den Golf hinauf zur Bucht von San Luis Gonzaga geschickt, dem nächstgelegenen Punkt die Mission von Santa Maria, wohin auch die Truppen, Maultiertreiber und Vaqueros mit der Herde aller Art auf dem Landweg gingen. Da sie in Santa Maria nicht genügend Weideland für das Vieh fanden, rückten sie nach Velicatá vor , etwa dreißig Meilen entfernt, und hier versammelte sich die Landexpedition. Zusätzlich zu den genannten Offizieren wurde Don Miguel Costansó , Fähnrich der königlichen Ingenieure, beauftragt, sich der Expedition als Kosmograph und Tagebuchschreiber anzuschließen, und Don Pedro Prat wurde zum Arzt ernannt. Um den Soldaten zu dienen und die Leitung der Missionen zu übernehmen, die im neuen Land eingerichtet werden sollten, wurden die folgenden Missionspriester, alle Mitglieder des Kollegiums von San Fernando in Mexiko, benannt, um die Expedition zu begleiten. Fray Junípero Serra, zum Präsidenten der Missionen von Alta California ernannt, Fray Juan Crespi , Fray Fernando Parron, Fray Juan Vizcaino und Fray Francisco Gomez.

Am 6. Januar 1769 wurde die San Carlos im Hafen von La Paz beladen und war seebereit. Der ehrwürdige Pater Junípero Serra sang an Bord eine Messe und segnete mit anderen Andachtsübungen das Schiff und die Standarten. Der Visitador ernannte den Señor San José zum Schutzpatron der Expedition und entfachte mit einer leidenschaftlichen Ermahnung die Stimmung derjenigen, die aufbrechen wollten. Dies waren Don Pedro Fages mit seinen fünfundzwanzig Katalanen des 1. Bataillons des 2. Regiments, Voluntarios de Cataluna , Alférez Miguel Costansó , der Chirurg Don Pedro Prat und Padre Fernando Parron. Das Schiff wurde von Don Vicente Vila, Leutnant der königlichen Marine, kommandiert; Der Steuermann war Don Jorge Estorace , und der Rest der Schiffsbesatzung bestand aus dreiundzwanzig Matrosen, zwei Jungen, vier Köchen und zwei Schmieden – insgesamt zweiundsechzig. Sie schifften sich in der Nacht des 9. Januar ein und segelten am 10. Januar ab. Galvez ernannte Fages Gefe de las Armas – Chef der Militärexpedition auf See, und wies ihn an, das Kommando über die Soldaten an Land bis zur Ankunft des Gouverneurs in Monterey zu behalten9 . Am 15. Februar übte Pater Junípero seine Amtsgeschäfte für die San Antonio aus, und sie segelte am selben Tag unter dem Kommando von Don Juan Perez, „von der Schifffahrt der Philippinen", mit den Frays Vizcaino und Gomez, einigen Zimmerleuten, Schmieden usw. aus Köche, die zusammen mit den Matrosen insgesamt etwa neunzig Personen auf beiden Schiffen ausmachten. Der Treffpunkt war die Bucht von San Diego , wo sich alle treffen sollten.

Die Landexpedition war in zwei Teile gegliedert. Die erste Division unter Rivera startete am 24. März in Velicatá und die zweite unter dem Kommando des Gouverneurs startete am 15. Mai. Mit Rivera waren Padre Crespi , Pilotin (Kumpel) Jose Cañizares . Fünfundzwanzig Soldados de Cuera 10 , drei Maultiertreiber und elf christliche Indianer – zweiundvierzig Männer. Mit dem Gouverneur marschierten Junípero Serra, fünfzehn Soldados de Cuera , unter Sergeant Jose Francisco de Ortega, zwei Diener, Maultiertreiber und Indianer – insgesamt vierundvierzig. Am Vortag, dem 14. Mai 1769, dem Ostersonntag, gründete Junípero die Mission von San Fernando mit Fray Miguel de la Campa als Minister. Zur Unterstützung und Entlastung der See- und Landstreitkräfte baute Galvez in San Blas ein Schiff, das er zu Ehren des Beschützers der Expedition, die San Jose, nannte, und belud es mit Vorräten und Proviant und schickte es mit befiehlt, die Expedition in Monterey zu treffen. Sie ging auf See verloren.

Dieser etwa zweihundert Meilen lange Marsch durch ein karges Land bis zur Bucht von San Diego ist kaum von Interesse. Juníperos Tagebuch liegt vor mir 11 ; es ist eine trostlose Aufzählung kleiner Begebenheiten des Marsches, der Indianer, denen sie begegneten, der Barrancas, die sie durchquerten, mit frommen Kommentaren usw.; Kein Kurs, keine zurückgelegten Entfernungen oder ähnliche Informationen, die zum Verständnis der Route und des Landes erforderlich sind. Als Tagebuchschreiber ist er nicht mit Crespi zu vergleichen . Am 20. Juni kamen sie an der Ensenada de Todos Santos zum ersten Mal in Sichtweite des Meeres ; Von dort aus verlief ihre Reise am Meer entlang, bis sie zum Treffpunkt kamen. Als sie sich San Diego näherten, begannen ihre indianischen Verbündeten zu desertieren, offensichtlich aus Angst vor den Diegueños, denen sie in großer Zahl begegneten und die sich als Schurken erwiesen. Sie drängten sich im Lager und wurden mit ihrem Betteln und Stehlen zu einer wahren Plage. Sie baten Junípero um sein Gewand und vom Gouverneur um seine Cuera , Weste, Hosen und alles, was er trug. Einem von ihnen gelang es, Junípero dazu zu bringen, seine Brille abzunehmen, um sie ihm zu zeigen, und sobald er sie in die Hände bekam, machte er sie mit, was dem Priester tausend Schwierigkeiten bereitete, sie wiederzuerlangen. Am 27. Juni drang Sergeant Ortega mit seinen Spähern nach San Diego vor und verkündete dem besorgten Lager die Nähe des Gouverneurs. Rivera schickte zehn seiner Soldaten mit frischen Pferden mit Ortega zurück, und Portolá erreichte am 29. Juni vor seinem Kommando das Lager, und die gesamte Division traf am 30. Juni in gutem Zustand und in gutem Zustand ein, sechsundvierzig Tage von Velicatá entfernt .

Lassen Sie uns ihre Ankunft vorwegnehmen und das Schicksal der anderen Divisionen der Expedition ermitteln. Mehr als anderthalb Jahrhunderte lang lagen die ruhigen Gewässer der Bucht von San Diego ungestört durch gefährlichere Schiffe als die Tule-Flöße (balsas de enea) der Eingeborenen, als am 11. April 1769 langsam ein lautloses Schiff eindrang die Bucht und warf ihren Anker nicht weit von der Stelle, an der jetzt die Fähre nach Coronado den Liegeplatz verlässt. Es war die San Antonio, die erste, die beim Rendezvous ankam. Es wurde kein Versuch unternommen, zu landen, denn sie waren allein und die Angst vor Skorbut hatte sie im Griff. Zwei waren gestorben und der Großteil der Schiffsbesatzung war krank. Am 29. traf die San Carlos ein, 110 Tage von La Paz entfernt, und ihre Kompanie befand sich in einem noch schlechteren Zustand. Alle waren krank, einige waren gestorben, und nur vier Matrosen waren noch auf den Beinen und wurden bei der Arbeit auf dem Schiff von den Soldaten unterstützt, die helfen konnten. Sie war weit von ihrem Kurs abgekommen; Da sie keinen Wassermangel mehr hatte, musste sie zur Insel Cedros anlegen, um sich zu versorgen. Nur mit größter Mühe erreichte sie die Bucht von San Diego. Das erste, was zu tun war, war, gutes Wasser zu finden und sich um die Kranken zu kümmern. Zu diesem Zweck landeten am 1. Mai Don Pedro Fages , Don Miguel Costansó und Don Jorge Estorace mit fünfundzwanzig Mann — Soldaten, Matrosen usw., alle dienstfähig — und zogen die Küste hinauf , entdeckte auf Anweisung einiger Indianer einen Fluss mit gutem Gebirgswasser in einer Entfernung von drei Meilen nordöstlich. Sie rückten mit ihren Schiffen so nah wie möglich heran und errichteten am Strand ein Lager, das sie mit einer Brüstung aus Erde und Faschinen umgaben und zwei Kanonen aufstellten . Darin bauten sie aus den Segeln und Planen der Schiffe zwei große Lazarettzelte und errichteten die Zelte der Offiziere und Priester. Dann verlegten sie die Kranken. Die Arbeit war immens, denn alle waren krank, und die Liste derjenigen, die täglich ihren Dienst verrichten konnten, wurde immer kleiner. Die Schwierigkeiten ihrer Situation waren sehr groß. Fast alle Medikamente und Lebensmittel waren während der langen Reise verbraucht worden, und Don Pedro Prat, der Chirurg, der selbst an Skorbut erkrankt war, suchte mit tausend Ängsten auf den Feldern nach Heilkräutern, die er selbst ebenso dringend brauchte wie die Andere. Nachts machte sich die Kälte mit großer Kraft bemerkbar, und tagsüber brannte die Sonne — Veränderungen, die die Kranken grausam leiden ließen, zwei oder drei von ihnen starben jeden Tag, bis die gesamte Seeexpedition, die aus mehr als neunzig Männern bestand, gefunden wurde selbst wurde auf acht Soldaten und ebenso viele Matrosen in einem Staat reduziert, um sich um den Schutz der Schiffe, den Betrieb der Barkassen, die Betreuung des Lagers und die Pflege der Kranken zu kümmern.

Über die Landaufteilung gab es überhaupt keine Neuigkeiten. Die Umgebung der Festung wurde sorgfältig nach Spuren einer Pferdeherde abgesucht, aber es wurden keine gefunden. Sie wussten nicht, was sie von dieser Verzögerung halten sollten. Endlich, am 14. Mai, teilten die Indianer einigen Soldaten am Strand mit, dass aus der Richtung des Südens Männer zu Pferd und mit ihnen bewaffnet kämen. Es war die erste Landteilung unter Rivera, fünfzig Tage von Velicatá entfernt , ohne einen Mann zu verlieren oder einen zu erkranken; aber sie bekamen nur die halbe Ration; Sie hatten nur noch drei Säcke Mehl übrig und gaben jedem Mann zwei Tortillas 12 pro Tag. Die Freude im Lager der Kranken war groß über die Ankunft von Riveras Streitmacht. Es wurde nun beschlossen, das Lager in der Nähe des Flusses aufzulösen. Dies geschah und ein neues Lager wurde auf einem Hügel in der heutigen „Altstadt" errichtet, wo eine Palisadenanlage errichtet und die Kanonen aufgestellt wurden. Der Chirurg Pedro Prat widmete sich den Kranken, aber die Todesfälle gingen weiter, bis von den neunzig und mehr, die aus La Paz gesegelt waren, zwei Drittel unter dem Sand von Punta de los Muertos begraben wurden 13 . Man hielt es nun für das Beste, eines der Pakete nach San Blas zu schicken, um den Vizekönig und den Besucher über den Stand der Expedition zu informieren, und man befürchtete, dass das Schiff bei längerer Verzögerung aus Mangel nicht in See stechen könnte der Seeleute. Zu diesem Zweck wurde die San Antonio ausgewählt und zur See vorbereitet, aber als sie gerade auslaufen wollte, wurde das Lager durch die Ankunft von Portolá und der zweiten Division, gesund und mit 163 Maultieren, in einen Jubelrausch versetzt beladen mit Proviant. Der Gouverneur informierte sich umgehend über den Stand der Dinge und wünschte, dass der Señor Visitadors Befehle hinsichtlich der Seeexpedition sollten ausgeführt werden, und er bot Kapitän Vila von der San Carlos sechzehn Männer seines Kommandos an, das Schiff zu bedienen, damit er die Reise nach Monterey fortsetzen konnte. Da Vila alle seine Schiffsoffiziere, Bootsmann, Ladenbesitzer und Steuermann der Barkasse verloren hatte und sich unter den von Portolá angebotenen Männern kein Seemann befand , lehnte er es ab, unter solchen Bedingungen zur See zu fahren. Daher wurden alle verfügbaren Matrosen an Bord der San Antonio gebracht, und sie segelte am 8. Juni mit nur acht Männern als Besatzung nach San Blas.

Der Gouverneur begann nun damit, seine Truppen für den Marsch nach Monterey zu organisieren. Er beschloss, sofort umzuziehen, damit die fortschreitende Jahreszeit sie nicht der Gefahr aussetzen würde, dass die Pässe der Sierra durch Schnee gesperrt würden, da selbst nach San Diego diejenigen, die über das Meer kamen, berichteten, dass die Sierras bei ihrer Ankunft im April mit Schnee bedeckt seien.

Am 14. Juli begann Portolá seinen Marsch nach Monterey, das 159 Meilen entfernt liegt. Seine Truppe bestand aus Sergeant Ortega mit siebenundzwanzig Soldados de Cuera unter Rivera, Fages mit sechs katalanischen Freiwilligen – alles, was reisen konnte, Fähnrich Costansó , den Priestern Crespi und Gomez, sieben Maultiertreibern und fünfzehn christlichen Indianern aus den Missionen von Niederkalifornien und zwei Diener, insgesamt vierundsechzig. Sowohl Fages als auch Costansó waren an Skorbut erkrankt, schlossen sich aber trotzdem dem Kommando an. Das Personal dieser Expedition besteht aus einigen der bekanntesten Namen Kaliforniens. Portolá , der erste Gouverneur; Rivera, Kommandant von Kalifornien von 1773 bis 1777, wurde 1781 bei der Yuma-Revolte am Colorado getötet; Fages , erster Kommandant von Kalifornien, 1769–1773, Gouverneur, 1782–1790; Ortega, Pfadfinder, Entdecker, Entdecker des Golden Gate und der Carquines- Straße 14 ; Leutnant und Brevetkapitän, Kommandant des Präsidiums von San Diego, Santa Barbara und Monterey; Gründer des Präsidiums von Santa Barbara und der Missionen von San Juan Capistrano und San Buenaventura. Unter der Basis befanden sich Männer, deren Namen nicht weniger bekannt sind: Pedro Amador, der dem Landkreis Amador seinen Namen gab; Juan Bautista Alvarado, Großvater von Gouverneur Alvarado; José Raimundo Carrillo, später Alférez , Leutnant und Kapitän, Kommandant des Präsidiums von Monterey, Santa Barbara und San Diego und Gründer der großen Carrillo-Familie; José Antonio Yorba, Sergeant der katalanischen Freiwilligen, Gründer der gleichnamigen Familie und Stipendiat der Rancho Santiago de Santa Ana; Pablo de Cota, José Ignacio Oliveras , José Maria Soberanes und andere.

In San Diego überließ Portolá die Kranken der Obhut des treuen Chirurgen Prat und einer Wache aus zehn Cuera -Soldaten. Kapitän Vila von der San Carlos mit einigen Seeleuten; Frays Junípero Serra, Juan Vizcaino und Fernando Parron, ein Zimmermann, ein Schmied und ein paar Indianer aus Niederkalifornien, insgesamt etwa vierzig Personen. Der Gouverneur hinterließ ihnen auch eine ausreichende Anzahl Pferde und Maultiere sowie etwa sechzig Ladungen Proviant . Am 16. Juli, zwei Tage nach Beginn der Portolá -Expedition, gründete Junípero mit entsprechenden Zeremonien die Mission San Diego de Alcalá , die erste Mission in Alta California. Das Sterben ging weiter, und vor Portolás Rückkehr im Januar starben acht Soldaten, vier Seeleute, ein Diener und acht Indianer, so dass nur etwa zwanzig Personen im Lager zurückblieben.

Wir werden nun dem Gouverneur folgen. Er stützte sich ein wenig auf das Versorgungsschiff „San Jose", das ihn in Monterey treffen sollte, das aber, wie wir gesehen haben, auf See verloren ging, und auch auf die Vorräte, die von der „San Antonio" gebracht werden sollten, da der Gouverneur die Ungewissheiten kannte Als er auf einer Seereise war, nahm er einhundert mit Proviant beladene Maultiere mit, die seiner Meinung nach ausreichten, um sechs Monate lang zu ernähren.

Auf dem Marsch wurde die folgende Reihenfolge eingehalten. Sergeant Ortega ging mit sechs oder acht Soldaten voraus, legte die Route fest, wählte den Lagerplatz aus und machte den Weg für feindliche Indianer frei, von denen er häufig umzingelt war. An der Spitze der Kolonne ritt der Comandante mit Fages , Costansó , den beiden Priestern und einer Eskorte aus sechs katalanischen Freiwilligen; als nächstes kamen die Pioniere und Bergleute, bestehend aus Indianern, mit Spaten, Hacken, Brechstangen, Äxten und anderen Geräten, die von Pionieren verwendet wurden; Darauf folgte die Haupttruppe, aufgeteilt in vier Gruppen von Lasttieren, jede mit ihren Maultiertreibern und einer Garde aus Präsidentensoldaten . Die letzte war die Nachhut unter dem Kommando von Kapitän Rivera, die die Ersatzpferde und Maultiere (caballada y mulada) transportierte.

Die Präsidentensoldaten waren mit zwei Arten von Waffen ausgestattet: Offensiv- und Defensivwaffen. Die Verteidigung bestand aus der Cuera (Lederjacke) und der Adarga (Schild) 16 . Der erste, in Form eines Mantels ohne Ärmel gefertigt, bestand aus sechs oder sieben Lagen zugerichteter Hirschfelle, die für die Pfeile der Indianer, außer auf sehr kurze Distanz, undurchdringlich waren. Der Adarga bestand aus rohem Bullenleder in zwei Stärken, wurde am linken Arm getragen und vom Soldaten so geführt, dass er sich und sein Pferd gegen die Pfeile und Speere der Indianer verteidigte; Darüber hinaus verwendeten sie eine Art Lederschürze, die am Sattelknauf befestigt war und auf beiden Seiten des Pferdes bis zum Steigbügel reichte und breit genug war, um den Oberschenkel und ein Bein des Reiters zu bedecken und ihn zu schützen beim Fahren durch das Gestrüpp. Diese Schürze wurde Armas genannt . Ihre Angriffswaffen waren die Lanze, die sie zu Pferd mit großer Geschicklichkeit beherrschten, das Breitschwert und eine kurze Muskete, die sie in einem Koffer trugen. Costansó , ein Offizier der regulären Armee, zeugt von der unaufhörlichen Arbeit der Präsidentensoldaten Kaliforniens auf diesem Marsch und sagt, dass es sich um Männer handelte, die viel Mühe ertragen konnten, gehorsam, entschlossen und aktiv waren; „Und es ist nicht übertrieben zu sagen, dass sie die besten Reiter der Welt sind und zu den besten Soldaten gehören, die ihr Brot im Dienst des Königs verdienen." 17

Es muss klar sein, dass die Märsche dieser Truppen mit einem solchen Zug durch ein unbekanntes Land und auf ungenutzten Wegen keine langen Märsche sein konnten. Es war notwendig, das Land an einem Tag für den Marsch am nächsten Tag zu erkunden, und das Lager für den Tag wurde manchmal durch die Entfernung bestimmt, die zum nächsten Ort zurückgelegt werden musste, wo es Wasser, Treibstoff und Weideland gab. Die zurückgelegte Distanz betrug zwei bis vier Meilen 18 , und das Kommando ruhte alle vier Tage mehr oder weniger, je nach der Ermüdung, die durch die Unebenheiten der Straße, die Mühe der Pioniere, das Umherstreifen der Tiere usw. verursacht wurde Bedürfnisse der Kranken. Costansó sagt, dass eine ihrer größten Schwierigkeiten in der Kontrolle ihrer Caballada (Pferdeherde) lag, ohne die die Reise nicht möglich war. In einem Land, das sie nicht kennen, erschrecken sich Pferde nachts auf die unglaublichste Art und Weise. Um sie zu überwältigen, genügt es, einen Kojoten oder Fuchs zu entdecken. Der Flug eines Vogels, der Staub, der vom Wind aufgewirbelt wird – all das kann sie in Angst und Schrecken versetzen und sie veranlassen, viele Meilen weit zu rennen und sich über Barrancas und Abgründe zu stürzen, ohne dass irgendein menschlicher Versuch ausreicht, sie zurückzuhalten. Danach kostet es enorme Mühe, sie wieder einzusammeln, und diejenigen, die nicht getötet oder verkrüppelt werden, bleiben für einige Zeit nutzlos. In der beschriebenen Form und Weise führten die Spanier ihre Märsche durch und durchquerten riesige Ländereien, die je weiter sie nach Norden vordrangen, fruchtbarer und schöner wurden.

Die Expedition folgte praktisch der Route, die später zum Camino Real wurde. Seine vierte Jornada (Tagesreise) führte ihn in das hübsche Tal, wo später die Mission von San Luis Rey gegründet wurde. Sie nannten es San Juan Capistrano, aber dieser Name wurde später auf eine Mission vierzig Meilen nördlich von diesem Ort übertragen. Das Kommando ruhte hier am 19. Juli. Als sie am 20. den Marsch fortsetzten, näherte sich die Sierra (San Onofre), deren Basis sie umgingen, so nahe an das Meer, dass es ihren Vormarsch zu bedrohen schien, aber indem sie sich dicht an der Küste hielten, hielten sie ihren Weg, und am 24. hielten sie ihren Marsch fort Sie lagerten an einem schönen Wasserstrahl, der durch eine Tafelberge am Fuße einer Sierra floss , von wo aus sie über das Meer hinweg die Insel Santa Catalina erkennen konnten. Das war San Juan Capistrano, und hier ruhten sie am 25. Am 28. erreichten sie den Fluss Santa Ana , in der Nähe der heutigen gleichnamigen Stadt; Ein heftiges Erdbeben, das sie erlebten, veranlasste sie, den Fluss Jesus de los Temblores 19 zu nennen . Am 30. und 31. Juli befanden sie sich im San Gabriel-Tal, das sie San Miguel nannten, und am 1. August ruhten sie in der Nähe der heutigen Stadt Los Angeles. Der Stopp an diesem Tag sollte neben der nötigen Ruhe und der Notwendigkeit der Erkundung den Soldaten und Leuten der Expedition Gelegenheit geben, den großen Genuss von Porciúncula zu genießen. 20 Die Priester hielten die Messe und spendeten das Sakrament. Am Nachmittag gingen die Soldaten auf die Jagd und brachten eine Antilope (Barrendo) mit, von der es im Land offenbar reichlich zu wimmeln gab. Am nächsten Tag überquerten sie den Fluss Los Angeles an der Stelle der heutigen Stadt und nannten sie Rio de Nuestra Señora de Los Angeles de Porciúncula 21 . Sie gingen flussaufwärts, durchquerten den Cañon und gelangten in das San Fernando-Tal, das sie Valle de Santa Catalina de los nannten Encinos – Tal der Heiligen Katharina der Eichen. Sie verbrachten fünf Tage im Tal und überquerten die Santa-Susana-Berge, vielleicht über den Tapo- Canon , bis sie zum Fluss Santa Clara in der Nähe der Stätte Camulos gelangten und dort am 9. August ruhten. Portolá benannte den Fluss Santa Clara, den er noch heute trägt, zu Ehren des Heiligen, dessen Tag, der 12. August, von ihnen begangen wurde. Fünf Tage lang reisten sie mit einfachen Jornadas den Fluss hinunter und erreichten am 14. die erste Rancheria 22 der Kanalindianer. Da es die Vesper des Festes La Asuncion de Nuestra Señora war , nannte Portolá das Dorf La Asuncion. Es enthielt etwa dreißig große, gut gebaute Häuser aus Lehm und Binsen, und in jedem Haus lebten drei oder vier Familien. Diese Indianer waren von guter Größe, wohlgeformt, aktiv, fleißig und sehr geschickt im Bau von Booten, Holzschalen und anderen Gegenständen. Portolá glaubte, dass dieses Pueblo das von Cabrillo benannte Pueblo de Canoas (Pueblo der Boote) sein musste. Dies war der Ort, der für die Mission von San Buenaventura ausgewählt wurde, die am 31. März 1782 gegründet wurde. Die Eingeborenen empfingen sie freundlich, gaben ihnen reichlich Essen und zeigten ihnen ihre gut gemachten, vierundzwanzig Fuß langen Boote aus Kiefernbrettern Mit Schnüren zusammengebunden und mit Asphalt bedeckt und in der Lage, jeweils zehn Männer zu tragen. Die nächsten vier Tage folgten sie dem Strand und lagerten am 18. August an einer großen Lagune, die von ihnen La Laguna de la Concepcion genannt wurde. Dies war der Standort des zukünftigen Präsidiums und der Mission von Santa Barbara. Überall gab es große, bevölkerungsreiche Rancherías der Indianer, und überall wurden sie auf die gastfreundlichste Weise empfangen und mit mehr Nahrung versorgt, als sie essen konnten. Der nächste Halt lag drei Meilen weiter am Ufer einer großen Lagune und eines Sumpfgebiets, auf der sich eine große Insel befand, auf der sich eine große Ranchería befand , während vier weitere die Ufer der Lagune säumten. Portolá gab dieser Gruppe den Namen In Mediaciones de las Rancherías de Mescaltitan – Die angrenzenden Rancherías von Mescaltitan . Der Name Mescaltitan ist immer noch mit der Insel verbunden, obwohl das Sumpfgebiet größtenteils entwässert ist und einige der schönsten Walnusshaine Kaliforniens enthält. Am 28. bogen sie nach Point Concepcion um und lagerten nördlich an einem Ort, den sie Paraje de los Pedernales nannten. Point Pedernales, etwa fünf Meilen weiter entfernt, bewahrt den Namen. Am 30. überquerten sie einen großen Fluss, den sie zu Ehren des Heiligen, dessen Tag dieser Tag war, Santa Rosa nannten. Dies ist heute die Santa Inez, so genannt nach der gleichnamigen Mission, die 1804 an ihrem Ufer gegründet wurde. Als sie nordwärts am Strand entlang fuhren, führte sie ein scharfer Ausläufer der Sierra , der am Point Sal vorsprang, landeinwärts durch den kleinen Pass, dem die folgte Sie erreichten die südliche Pazifikküste und erreichten am 10.

September einen großen See in der nordwestlichen Ecke des Santa Barbara County , der den Namen Laguna Larga erhielt und heute als Guadalupe-See bekannt ist. Drei Meilen weiter lagerten sie an einem von Costansó benannten See , Laguna Redonda, den die Soldaten aber El Oso Flaco – Der dünne Bär – nannten und der noch immer unter diesem Namen bekannt ist. Hier wurde Sergeant Ortega krank und zehn der Soldaten klagten über wunde Füße. Sie ruhten am 3. und erreichten am 4. die Mündung des San Luis Cañon . Hier wurden sie vom Chef einer großen Ranchería gastfreundlich empfangen , dessen Erscheinen die Soldaten dazu veranlasste, ihm den Namen „El Buchon " zu geben, da er einen großen Tumor an seinem Hals hatte. Pater Crespi war mit dem Namen, den die Soldaten dem Häuptling, seiner Ranchería und dem nach San Luis Obispo führenden Cañon gaben , nicht einverstanden und nannte das Dorf San Ladislao . Da der gute Vater in so vielen Fällen nicht in der Lage war, dem Namen, den er gab, treu zu bleiben, wurde der Heilige ignoriert, aber Point Buchon , direkt oberhalb von Point Harford und Mount Buchon , auch bekannt als Bald Knob, zeugt von der bleibenden Qualität des Heiligen Tumor am Hals des Häuptlings. Sie passierten den schmalen Canyon des San Luis Creek und lagerten am oder in der Nähe der Missionsstätte und Stadt San Luis Obispo. Von hier aus wandten sie sich nach Westen und folgten der Cañada de los Osos bis zum Meer bei Morro Bay , anstatt über die Sierra de Santa Lucia am Cuesta-Pass in das obere Salinas-Tal zu wandern, von wo aus der Marsch nach Monterey einfach gewesen wäre , das sie El Estero de San Serafin nannten. Die Cañada de los Osos 23 , die immer noch so genannt wird, wurde nach einem Kampf mit einigen sehr wilden Bären benannt, von denen es ihnen gelang, einen von ihnen zu töten, nachdem er neun Bälle erhalten hatte. Ein anderer verwundete die Maultiere und die Jäger retteten mit Mühe ihr Leben.

Die Reisenden marschierten nun die Küste hinauf, bis sie am 13. einen Punkt erreichten, an dem ein weiteres Vorankommen durch die Sierra de Santa Lucia verhindert wurde. Hier versperrt ein Ausläufer der Sierra , der im Marsberg endet, den Zugang zum Strand und bildet eine kühne Front, die dreitausend Fuß aus dem Wasser ragt. Portolá lagerte am Fuße der Sierra und schickte die Entdecker unter Rivera aus, um einen Durchgang durch die Berge zu finden. Im 14. und 15. Jahrhundert arbeiteten die Pioniere daran, durch San Carpóforo einen Weg in die Sierra zu ebnen canon , und am 16. rückte das Kommando die steile und enge Schlucht hinauf, mit unzugänglichen Bergen auf beiden Seiten. Es ist unmöglich, ihre Route durch diese schroffe Bergkette mit einiger Genauigkeit zu verfolgen. Ihr Fortschritt war langsam und schmerzhaft. Am 20. mühten sie sich einen überaus hohen Bergrücken im Norden hinauf, und von dessen Gipfel blickten die Spanier auf ein grenzenloses Meer von Bergen, was uns, schreibt Crespi , „eine traurige Aussicht für uns arme Reisende bot, die von der Müdigkeit erschöpft waren die Reise." Die Kälte begann heftig zu werden, und viele der Männer litten an Skorbut und waren dienstunfähig, was die Not für alle noch schlimmer machte. Dennoch zögerten sie nicht, sondern drängten tapfer weiter, und am 26. verließen sie die Berge am Arroyo Seco, den sie Cañada del Palo Caido 24 (Tal des gefallenen Baumes) nannten, und lagerten am Fluss Salinas, den sie tauften Rio de San Elizario . Von nun an geht es bequem durch das Salinas-Tal hinunter zum Meer.

Am letzten Septembertag machte das Kommando in der Nähe der Mündung des Salinas-Flusses halt , in Hörweite des Meeresrauschens, obwohl sie es nicht sehen konnten. Sie waren davon überzeugt, dass sie nicht weit vom gewünschten Hafen von Monterey entfernt waren und dass die Bergkette, die sie überquert hatten, zweifellos die der Santa Lucia war, die Torquemada in seiner Geschichte der Reise von Vizcaino beschrieben und auf der Karte des Lotsen verzeichnet hatte Cabrera Bueno. Der Gouverneur befahl den Entdeckern, hinauszugehen und herauszufinden, an welchem Teil der Küste sie sich befanden. Am nächsten Morgen erkundete Rivera mit acht Soldaten die Küste im Süden und marschierte am Ufer des Hafens entlang, den sie suchten, während Portolá mit Costansó , Crespi und fünf Soldaten einen Hügel bestieg, von dessen Spitze sie einen sahen Große Ensenada , deren nördliche Spitze sich weit ins Meer hinein erstreckte und in einer Entfernung von acht Seemeilen nach Nordwesten reichte, während im Süden ein Hügel in Form einer Spitze ins Meer hinausragte und bewaldet zu sein schien mit Kiefern. Sie erkannten die im Norden als Punta de Año Nuevo und die im Süden als Punta de Pinos , während zwischen den beiden die große Ensenada 25 mit ihren trostlosen Sanddünen lag. Dies war zwar im Küstenlotsen (derretero) von Cabrera Bueno festgelegt, doch wo lag der berühmte Hafen von Monterey?

Sie dachten, dass sie vielleicht auf dem großen Rundweg durch die Bergketten an Monterey vorbeigekommen waren. Drei Tage lang wurde die Suche fortgesetzt. Rivera berichtete, dass südlich des Point of Pines und zwischen diesem und einem anderen Punkt im Süden (Point Cármelo) eine kleine Ensenada lag , wo ein Wasserstrom aus den Bergen herabfloss und in einen Estero mündete; dass die Küste dahinter so hoch und undurchdringlich war, dass sie umkehren mussten, und er glaubte, dass es dieselbe Sierra war , die sie am 16. September zwang, die Küste zu verlassen.

Der Gouverneur war von diesen Berichten sehr verwirrt und berief einen Beamtenrat ein, um über den besten Weg zu beraten. Am Mittwoch, dem 4. Oktober, trat der Rat zusammen und nach der Anhörung der Messe legte der Kommandant die Angelegenheit vor. Er erläuterte die Knappheit ihres Vorrats an Vorräten, die siebzehn Männer auf der Krankenliste, die nicht für den Dienst geeignet waren, die übermäßige Arbeitslast, die dem Rest im Wachdienst auferlegt wurde, die Pflege der Tiere und die ständigen

Erkundungen sowie die Verspätung von die Saison. Angesichts dieser Umstände und der Tatsache, dass der Hafen von Monterey nicht dort zu finden war, wo er angeblich war, wurde jeder Anwesende aufgefordert, seine Meinung frei zu äußern.

Costansó sprach zuerst; Vizcaino hatte Monterey auf 37° gebracht; sie hatten erst 36° 42' erreicht; Sie sollten es nicht versäumen, bis zu 37° 30 Fuß zu erkunden, um entweder den Hafen zu finden oder zu dem Schluss zu kommen, dass er nicht existierte. Fages war dafür, auf 37° oder etwas mehr zu steigen. Rivera meinte, sie sollten sich irgendwo niederlassen. Dann beschloss der entschlossene Kommandant, vorwärts zu gehen und auf Gott zu vertrauen. Wenn sie den gewünschten Hafen von Monterey und darin das Versorgungsschiff San Jose fanden, wäre alles gut. Wenn Monterey nicht erschien, würden sie einen Ort für eine Siedlung finden; aber wenn es der Wille Gottes gewesen wäre, dass alle umkommen würden, hätten sie ihre Pflicht gegenüber Gott und den Menschen erfüllt, indem sie bis zum Tod gearbeitet hätten, um das Unternehmen, zu dem sie gesandt worden waren, zu vollbringen. Alle stimmten dieser Entscheidung zu und unterzeichneten den Vertrag mit ihren Namen.

Ortega und seine Späher wurden nun ausgesandt, um mehrere Tage im Voraus die Route festzulegen und Lagerplätze zu finden, und am 7. Oktober wurde der Marsch wieder aufgenommen. Sechzehn kranke Männer hatten inzwischen den Gebrauch ihrer Gliedmaßen verloren. Jede Nacht wurden sie mit Öl eingerieben und jeden Morgen wurden sie in Hängematten gelegt, die zwischen zwei Maultieren geschwungen wurden, im Tandem, und so in der von den Frauen Andalusiens verwendeten Reiseart getragen 26 . Der Marsch war langsam und schmerzhaft. Es wurde angenommen, dass sich einige der Kranken in den letzten Zügen befanden, und am 8. Oktober wurde den drei Kranken das heilige Viaticum verabreicht, von denen man annahm, dass sie im Sterben lagen.

An diesem Tag überquerten sie den Rio del Pájaro , den sie nach einem großen Vogel benannten, den die Indianer getötet und mit Stroh gestopft hatten, und der von der Spitze eines Flügels bis zur Spitze des anderen sieben Fuß und vier Zoll maß. Es wurde angenommen, dass es sich um einen königlichen Adler handelte und dass die Eingeborenen ihn für eine Zeremonie vorbereiteten, als sie durch die Annäherung der Spanier abgeschreckt wurden. Crespi , der immer noch über einen Vorrat an Heiligen verfügte, gab dem Fluss den Namen La Señora Santa Ana, aber auch hier wurde der Heilige ignoriert und der Fluss ist als Pájaro (Vogel) bekannt. Am 17. überquerten sie den Rio de San Lorenzo und benannten ihn an der Stelle der heutigen Stadt Santa Cruz. Am 20. waren sie bei Punta de Año Nuevo und lagerten am Eingang des Cañon des Waddell Creek. Sie erkannten Point Año Nuevo anhand der Beschreibung von Cabrera Bueno, und Crespi schätzte, dass er eine Meile vom Lager entfernt war. Bei gutem Wasser und Treibstoff ruhte das Kommando hier am 21. und 22. Tag. Sowohl Portolá als auch Rivera wurden nun zur Krankenliste hinzugefügt. Fleisch und Gemüse waren zur Neige gegangen und die Rationen wurden auf fünf Tortillas Kleie und Mehl pro Tag reduziert. Crespi nannte das Lager San Luis Beltran, während die Soldaten es La Cañada de Salud nannten . Am 23. rückten sie erneut vor, passierten Punta de Año Nuevo und schlugen nach einer Reise von zwei Meilen ihr Lager wahrscheinlich am Gazos -Bach auf, wo sich eine große indianische Ranchería befand , deren Bewohner sie freundlich empfingen. Dieses Lager, das etwa gegenüber von Pigeon Point lag, nannten sie Casa Grande, auch San Juan Nepomuceno 27 . Die nächste Jornada war vier Meilen lang und ihr Lager befand sich am San Gregoria Creek. Es begann zu regnen und das Kommando wurde durch eine Durchfallepidemie zunichte gemacht, die niemanden verschonte. Sie glaubten nun, ihr Ende zu sehen, aber das Gegenteil schien der Fall zu sein. Der Durchfall schien den Skorbut zu lindern und die geschwollenen Gliedmaßen der Betroffenen begannen weniger zu schmerzen. Sie nannten das Lager Vane de los Soldados de los Cursos und Crespi gaben ihr den Namen Santo Domingo. Am 25. und 26. konnten sie nicht reisen, nahmen aber am 27. Oktober den Marsch wieder auf und drängten weiter. Der nächste Halt war Purisima Creek, zwei kurze Meilen entfernt, aber der Weg war holprig, und die Pioniere mussten Straßen über drei Arroyos bauen, wo die Abstiege steil und schwierig für den Transport der Invaliden waren. Am Ufer des Baches befand sich eine offenbar verlassene indianische Ranchería . Die Spanier nahmen die Hütten in Besitz, rannten aber bald mit „las pulgas ! las pulgas! " -Rufen davon . Sie lagerten lieber im Freien. Die Soldaten nannten das Lager Ranchería de las Pulgas , während Crespi es San Ibon nannte . Am 28. lagerten sie am Pilarcitos Creek, dem Standort der spanischen Stadt oder Half Moon Bay. Sie nannten das Lager El Llano de los Ansares – die Ebene der Wildgänse – und Crespi nannten sie San Simon y San Judas. Jeder Mann im Kommando war krank; Die Medikamente waren fast aufgebraucht und die Nahrungsvorräte sehr knapp. Sie erwogen, einige der Maultiere zu töten. In dieser Nacht regnete es stark und Portolá , der sehr krank war, beschloss, sich am 29. auszuruhen. Am Montag, 30. Oktober, ging es weiter. Half Moon Bay und Pillar Point wurden erwähnt, aber keine Namen angegeben. Es wurden mehrere tiefe Arroyos überquert, von denen einige den Bau von Brücken erforderten, um die Tiere zu überwinden. Sie gingen das Ufer hinauf, bis ihnen eine Felsbarriere gegenüberstand und ihnen den Durchgang verwehrte. Hier lagerten sie in einem von der Sierra gebildeten und vor dem Nordwind geschützten Rincon (Ecke), während Ortega und seine Männer ausgesandt wurden, um einen Durchgang über die Montara- Berge zu finden. Ein kleiner Bach versorgte sie mit Wasser und sie nannten das Lager El Rincon de las Almejas , wegen der Muscheln und anderen Schalentiere, die sie auf den Felsen fanden. Crespi nennt es La Punta del Angel Custodia. Der Standort des Lagers liegt etwa eine Meile nördlich des Montara- Nebelsignals. Am nächsten Tag, dem 31. Oktober, um die Mittagszeit hatten die Pioniere eine Passage über das kühne Vorgebirge von Point San Pedro vorbereitet, und um zehn Uhr morgens begab sich die Kompanie auf die Spur der Exploradores und machte sich auf den mühsamen Weg dorthin der Gipfel. Hier bot sich ihnen ein wundersamer Anblick, der ihre schwächelnde Stimmung belebte. Vor ihnen breitete sich hell und schön eine große Ensenada aus , deren Wasser im Sonnenlicht tanzte. Weit im Nordwesten ragte eine Spitze ins Meer hinaus und erhob sich steil vor ihnen, hoch über dem Ozean. Weiter links, in West-Nordwest-Richtung, waren sechs oder sieben weiße Farallones zu sehen , und schließlich erkannten sie entlang der Küste im Norden die weißen Klippen und etwas, das wie die Mündung einer Bucht aussah. Da konnte es keinen Fehler geben. Der entfernte Punkt war die Punta de los Reyes und vor ihnen lag die Bahía ó Puerto de San Francisco. Der Heilige war gut zu ihnen gewesen und mit Freude im Herzen machten sie sich auf den steilen und schwierigen Abstieg und lagerten im San Pedro-Tal 29 am Fuße des Montara-Gebirges.

Einige Mitglieder des Unternehmens dachten, sie hätten den Hafen von Monterey hinter sich gelassen, wollten aber nicht glauben, dass sie den Hafen von San Francisco erreicht hatten. Um die Angelegenheit zu regeln, befahl der Gouverneur Ortega und seinen Männern, das Land bis Point Reyes zu untersuchen, und gab ihnen drei Tage Zeit, um sich zu melden, während das Kommando im Lager im Vallecito de la Punta de las Almejas del Angel de la blieb Guarda , wie Crespi es nennt, kombiniert die beiden Namen des Lagers vom 30. Oktober und überträgt sie auf das Lager im San Pedro-Tal.

Am nächsten Tag, Donnerstag, dem 2. November, dem Allerseelentag , baten einige Soldaten nach der Messe um Erlaubnis, auf Hirschjagd gehen zu dürfen. Sie bestiegen die Berge östlich des Lagers und als sie nach Einbruch der Dunkelheit zurückkehrten, berichteten sie, dass sie von der Spitze des Berges einen riesigen Estero oder Meeresarm gesehen hatten, der sich so weit das Auge reichte ins Land streckte und sich nach Südosten erstreckte ; dass sie einige wunderschöne Ebenen gesehen hatten, die dicht mit Bäumen bedeckt waren, während die vielen Rauchsäulen, die über ihnen aufstiegen, zeigten, dass es dort viele Indianerdörfer gab. Diese Geschichte bestärkte sie in ihrem Glauben, dass sie sich im Hafen von San Francisco befanden und dass es sich bei dem beschriebenen Estero um den von Cabrera Bueno erwähnten handelte, dessen Mündung sie von den Montara- Bergen aus gesehen zu haben glaubten 30 . Sie waren nun überzeugt, dass Ortega nicht in der Lage sein würde, Point Reyes zu erreichen, und dass drei Tage nicht ausreichen würden, um den Kopf eines solchen Esteros zu umrunden. Der

Erkundungstrupp kehrte in der Nacht des 3. November zurück und feuerte bei Annäherung seine Feuerwaffen ab. Sie berichteten, dass ihnen riesige Flussmündungen im Wege standen, die außerordentlich weit ins Land hineinreichten 31 , aber was ihre Freude auslöste, war, dass sie anhand der Schilder der Indianer erfuhren, dass es zwei Tagesreisen von ihrem Aufenthaltsort entfernt einen Hafen gab, in dem sie sich befanden ein Schiff lag vor Anker. Bei dieser Ankündigung dachten einige, sie seien im Hafen von Monterey und das Versorgungsschiff San Jose oder die San Carlos würde auf sie warten. Crespi sagt, wenn sie nicht in Monterey wären, dann auf jeden Fall in San Francisco.

Am Samstag, dem 4. November, dem Tag von San Carlos Borromeo, zu dessen Ehren sie gekommen waren, um im Hafen von Monterey ein königliches Präsidium und eine Mission zu errichten, und auch der Tag des Königs Don Carlos III (que Dios Guarde) , Das heilige Messopfer wurde „in diesem kleinen Tal, Strand des Hafens (ohne den geringsten Zweifel) meines Vaters San Francisco" gefeiert. Die Männer aßen reichlich Muscheln, die auf den nahegelegenen Felsen reichlich vorhanden waren und für groß und gut befunden wurden. Um ein Uhr nachmittags machten sie sich so gut gelaunt wie schon seit einiger Zeit nicht mehr auf den Marsch. Sie gingen ein kurzes Stück den Strand hinauf, bogen in die Berge zu ihrer Rechten ein und erblickten vom Gipfel aus den riesigen Estero o Brazo del Mar. Dann stiegen sie in die Cañada de San Andres hinab, wandten sich nach Süden und Südosten und lagerten zwei Meilen weit in der Cañada am Fuße eines Hügels, der sehr grün mit niedrigem Gestrüpp war und an dessen Fuß eine Gruppe Eichen stand. Die nächsten beiden Tage reisten sie die Cañada hinunter und entlang des Estero, den sie wegen der niedrigen Hügel (Lomeria) zu ihrer Linken nicht sehen konnten, und bemerkten das angenehme Land mit seinen Eichen-, Mammutbaum- (Palo Colorado) und Madroño-Wäldern . Sie sahen die Spuren vieler Hirsche und auch von Bären. Die Indianer begegneten ihnen mit freundlichen Angeboten von schwarzen Tamales und Atole , die von den halb verhungerten Spaniern gerne angenommen wurden. Sie flehten die Fremden an, zu ihren Rancherías zu gehen , aber der Gouverneur entschuldigte sich, indem er sagte, er müsse weitergehen, und entließ sie mit Geschenken aus Perlen und Schmuck. Am 6. erreichten sie das Ende der Cañada , die sich plötzlich nach Osten wandte, und sahen, dass der Estero 32 in einem weitläufigen Tal fertiggestellt war. Der Cañada gaben sie den Namen San Francisco33 . Sie reisten ein kurzes Stück nach Osten und lagerten auf einem tiefen Arroyo, dessen Wasser aus der Sierra herabfloss und steil in den Estero floss. Sie befanden sich am San Francisquito Creek, in der Nähe des Geländes der Stanford University 34 .

Portolá nicht gelungen war, Point Reyes auf dem Meeresstrandweg zu erreichen, schickte er Ortega nun über die Contra Costa herum und gab ihm vier Tage Zeit, um das Land zu erkunden und den Hafen mit dem Versorgungsschiff zu finden.

Ortega brach mit seinen Exploradores , geführt von einigen freundlichen Indianern aus den benachbarten Rancherías , am 7. November nach Mittag auf und kehrte in der Nacht des 10. zurück. Er berichtete, dass er weder ein Zeichen eines Hafens noch eines Schiffes gesehen hatte und überzeugt war, dass er die Informationen, die die Indianer versucht hatten, ihm zu übermitteln, nicht verstanden hatte und dass der Hafen von Monterey nicht im Voraus liegen konnte. Sie berichteten auch, dass das Land, das sie im Norden und Nordosten gesehen hatten, für die Expedition unpassierbar sei, weil die Indianer das Gras verbrannt hätten und außerdem feindselig seien und ihnen die Durchfahrt streitig machen würden. Sie sagten, dass sie im Nordosten (Carquinez- Straße) auf einen weiteren riesigen Estero gestoßen seien, der ebenfalls weit landeinwärts verlief und mit dem im Südosten verbunden sei, und dass es viele Meilen dauern würde, ihn zu verdoppeln <u>35</u> .

Während der Abwesenheit der Entdecker waren die Expeditionsteilnehmer aus Fleischmangel gezwungen, Eicheneicheln zu essen, was zu starken Verdauungsstörungen und Fieber führte.

Portolá berief am 11. November einen Offiziersrat ein, um den besten Kurs festzulegen. Die Entscheidung fiel einstimmig, zum Point of Pines zurückzukehren und die Suche nach dem schwer fassbaren Puerto de Monterey, das sie zurückgelassen zu haben glaubten, erneut aufzunehmen. Dies wurde sofort umgesetzt, und das Kommando nahm am Nachmittag dieses Tages den Marsch auf, kehrte auf dem vorgesehenen Weg zurück und lagerte am 27. in Sichtweite des Point of Pines an einem kleinen See mit schlammigem Wasser. Sie hatten sich zum Teil von Wildgänsen ernährt, die sie schossen, und von Muscheln, die sie an den Felsen der Küste gesammelt hatten. Am folgenden Tag, dem 28. November, zogen sie über die Point of Pines und lagerten in der Cañada des Cármelo , wo es reichlich Holz und gutes Wasser vom Fluss gab. Nachdem er seinen Männern eine Pause gönnte, schickte der Gouverneur zehn Soldaten unter dem Kommando von Rivera mit sechs der indianischen Pioniere, die sich verpflichteten, sie entlang der Küstenpfade zu führen, mit der Anweisung, die Küste im Süden gründlich zu erkunden und nach dem Hafen zu suchen von Monterey war in einem „Rincon" der Sierra de Santa Lucia verborgen.

Die Erkundungsgruppe kehrte am Montag, dem 4. Dezember, in der Nacht zurück. Sie waren erschöpft von der Reise über die holprigen Bergpfade und berichteten, dass südlich ihres Lagers kein Hafen von Monterey existierte; dass die Berge zur Sierra de Santa Lucia gehörten und dass es keinen Durchgang entlang der Küste gab.

Vizcaino hatte gesagt, Monterey liege nördlich der Sierra de Santa Lucia. „Es ist alles, was man sich an Komfort und als Station für Schiffe wünschen kann, die sich auf die Reise zu den Philippinen machen und von dort aus an dieser Küste landen. Dieser Hafen ist vor allen Winden geschützt * * * und dicht besiedelt mit Menschen, den ich als sanftmütig, friedfertig und fügsam empfand; * * * sie haben Flachs wie den von Kastilien, und Hanf und Baumwolle" 36 usw.

Der Kommandant wusste nicht, was er denken sollte. Was ein großer, vor allen Winden geschützter Hafen sein sollte, war nur eine Ensenada ; Was der Rio Cármelo sein sollte , war nur ein Arroyo; Was große Seen sein sollten, waren nur Lagunillas ; „Und wo waren auch die so intelligenten und fügsamen Menschen, die Flachs, Hanf und Baumwolle anbauten?" Costansó sagt, dass sie auf ihrer gesamten Reise kein Land trafen, das so dünn besiedelt war, und auch kein Volk, das wilder und wilder war als die wenigen Einheimischen, die sie hier trafen. Es ist nicht verwunderlich, dass Portolá in der breiten Ensenada Vizcainos Famoso Puerte de Monterey nicht erkannte .

Die Situation des Kommandos wurde immer ernster. Der Lebensmittelvorrat war fast aufgebraucht. Sie hatten ein Maultier getötet, aber nur die Indianer und die Katalanen wollten es essen. Der Kommandant berief am 6. Dezember einen Offiziersrat ein und teilte ihm den Stand der Dinge mit. Sie hätten den Hafen, nach dem sie gesucht hatten, nicht gefunden, sagte er, und hätten keine Hoffnung gehabt, ihn oder das Schiff zu finden, das ihnen hätte helfen sollen; sie hatten nur noch vierzehn halbe Säcke Mehl übrig; Der Winter stand vor der Tür, die Kälte wurde immer schlimmer und in den Bergen begann es zu schneien. Er lud zu einer freien Diskussion ein, verschob die Entscheidung jedoch auf den nächsten Tag, damit alle Zeit zum Nachdenken hatten. Am 7. Dezember traf sich die Junta nach der Anhörung der Messe erneut. Einige waren dafür, dort zu bleiben, bis die Vorräte vollständig aufgebraucht waren, und sich dann zurückzuziehen und sich während der Reise nach San Diego auf die Maultiere als Nahrung zu verlassen; andere hielten es für besser, die Partei zu teilen, eine Hälfte zu bleiben und die andere nach San Diego zurückzukehren. Beide Projekte wurden sorgfältig besprochen und beide waren mit Schwierigkeiten verbunden. Die vorherrschende Stimmung schien eine Rückkehr zu befürworten, und der Gouverneur kündigte seine Entschlossenheit an. Sie würden sofort nach San Diego zurückkehren, sagte er, denn wenn der Schnee die Gebirgspässe versperre, sei die gesamte Expedition verloren.

Am Nachmittag kam es zu einem heftigen Sturm, der bis in die Nacht des 9. Dezember anhielt und den Marsch verzögerte.

Am Sonntag, dem 10. Dezember, begannen sie den Rückzug aus Monterey. Bevor sie die Bucht von Cármelo verließen , errichteten sie auf einem kleinen Hügel am Ufer der Ensenadita ein großes Kreuz und darauf schnitten sie in den Wald die Legende: „Grabe; am Fuße wirst du eine Schrift finden." Eine Botschaft wurde in eine Flasche gesteckt und am Fuße des Kreuzes vergraben. Es enthielt die Fakten der Expedition, ihren Kommandanten, das Startdatum, die Daten der Einfahrt in den Kanal von Santa Barbara, des Passierens von Point Concepcion, der Durchquerung der Santa-Lucia-Berge, des Anblicks von Punta de Pinos und von Point Reyes , usw.

„Die Expedition wollte Point Reyes erreichen, aber einige Esteros griffen ein, die weit ins Landesinnere verliefen, was eine lange Reise erforderte, um sie zu umgehen, und andere Schwierigkeiten (deren Hauptproblem der Mangel an Proviant war) machten eine Rückkehr für uns erforderlich. Wir glaubten, dass der Hafen von Monterey vielleicht in der Nähe der Sierra de Santa Lucia liegen könnte, und meinten, wir könnten daran vorbeigekommen sein, ohne es zu beobachten. Wir verließen den Estero von San Francisco bei unserer Rückkehr am 11. November. Wir kamen an der Punta de Año vorbei Nuevo am 19. des besagten Monats und erreichte am 27. desselben Monats zum zweiten Mal diesen Hafen und Ensenada de Pinos .

Darin heißt es, dass sie von diesem Tag an bis heute fleißig nach dem Hafen von Monterey gesucht haben, aber vergeblich, und nun, aus Verzweiflung, ihn zu finden, da ihre Vorräte fast aufgebraucht sind, kehren sie nach San Diego zurück. Dann folgt der von Costansó beobachtete Breitengrad an verschiedenen Punkten . Es ersucht die Kommandeure der San Jose oder San Antonio, falls sie oder einer von ihnen über den Inhalt des Briefes und den Zustand der Expedition informiert werden sollten, so nah wie möglich an der Küste entlang der Küste zu segeln, damit die Die Expedition könnte sie sehen und Hilfe von ihnen erhalten.

Der Marsch an diesem Tag führte über den Point of Pines, anderthalb Meilen, und sie lagerten am Ufer der Monterey Bay, wo sie ein weiteres Kreuz mit einer Inschrift aufstellten, die ihre Abreise ankündigte. Am 11. bestiegen sie die Salinas und begannen, den Weg ihrer Ankunft zurückzuverfolgen. Sie töteten viele Gänse, was ihre Lebensbedürfnisse etwas erleichterte, und am 21. waren sie von den Santa-Lucia-Bergen befreit. Die hungrigen Soldaten stahlen Mehl, und um weiteren Diebstahl zu verhindern, teilte der Kommandant den Rest unter ihnen auf. Am 28. saß das Kommando in einem Schlammloch in der Nähe von San Luis Obispo fest und konnte keine Messe halten, obwohl es ein Feiertag war37 . Am 3. Januar passierten sie Point Concepcion. Hier gab es bei den Kanalindianern reichlich Nahrung, ihre schweren Prüfungen waren vorbei und der Gesundheitszustand des Kommandos verbesserte sich täglich. Anstatt dem Santa Clara River hinauf zu folgen, überquerten sie die Santa Susana Mountains in das San Fernando

Valley, folgten dem Los Angeles River hinunter, überquerten am 18. Januar den Santa Ana und erreichten am 24. Januar 1770 San Diego Befehlshaber bei guter Gesundheit und ohne den Verlust eines Mannes, „mit dem Verdienst, gezwungen worden zu sein, das Fleisch männlicher und weiblicher Maultiere zu essen, und ohne den Hafen von Monterey gefunden zu haben, der unserer Meinung nach von ihnen überfüllt war." große Sanddünen, die sich an der Stelle befanden, wo wir sie erwartet hatten. <u>38</u>

Portolá wurde im kleinen Lager in San Diego freudig aufgenommen. Viele waren gestorben, und Junípero und Pater Parron erholten sich gerade von Skorbut. Von San Antonio sind noch keine Nachrichten eingegangen. Der Kommandant machte eine sorgfältige Bestandsaufnahme der Vorräte und reservierte genug, um nach Velicatá zu marschieren , für den Fall, dass die San Antonio nicht erscheinen würde, wenn der Rest erschöpft sein sollte. Er schätzte, dass dies kurz nach Mitte März der Fall sein würde, und der 20. dieses Monats wurde als Abreisedatum festgelegt, sehr zur Enttäuschung der Priester. Am 11. Februar wurde Rivera mit einer Wache von neunzehn oder zwanzig Soldaten nach Velicatá geschickt , um das dort zurückgelassene Vieh und die Vorräte heraufzuholen.

Nach Sonnenuntergang am Vortag der Abreise erschien in der Ferne ein Segel. Es war die San Antonio, gerade rechtzeitig, um die Aufgabe von San Diego zu verhindern. Sie brachte reichlich Vorräte mit und Portolá bereitete sich auf eine zweite Expedition auf der Suche nach dem Hafen von Monterey vor. Kapitän Vila von der San Carlos erklärte, als ihm die Einzelheiten der Suche mitgeteilt wurden, dass der Ort, an dem sie das zweite Kreuz errichteten, der lange verlorene Hafen von Monterey sei.

Am 16. April segelte die San Antonio mit Junípero , Costansó , Prat und einer Ladung Vorräten für die neue Mission nach Monterey. Am 17. machte sich Portolá mit Fages , zwölf katalanischen Freiwilligen, sieben Soldados de Cuera , Crespi , zwei Maultiertreibern und fünf Eingeborenen auf den Landweg. In San Diego wurde Vila mit seinem Gefährten und fünf Matrosen auf der San Carlos, den Patres Parron und Gomez, mit Sergeant Ortega und acht Soldados de Cuera als Wache zurückgelassen , und Rivera traf im Juli mit über achtzig mit Vorräten beladenen Maultieren und einhundert und mehr ein sechzig Stück Vieh.

Portolá folgte derselben Route, die er auf dem Rückzug aus Monterey eingeschlagen hatte, und erreichte am 24. Mai die Ensenada Grande unter Punta de Pinos , in der Nähe des Kreuzes, das sie am 10. Dezember errichtet hatten. Portolá wählte einen Ort für das Lager aus, nahm Fages , Crespi und einen Soldaten als Wache und ging zum Kreuz, um zu sehen, ob ein Schiff den Ort besucht hatte. Sie fanden rund um das Kreuz einen Ring aus Pfeilen, die im Boden steckten und von denen einige mit Federn geschmückt waren.

An anderen waren Fisch und Fleisch befestigt, und am Fuße des Kreuzes lag ein kleiner Haufen Muscheln. Als Portolá , Fages und Crespi am Strand entlanggingen und über die Bucht blickten und das ruhige und friedliche Wasser mit seinen schwimmenden Robben und speienden Walen bemerkten, riefen sie mit einer Stimme: „Dies ist der Hafen von Monterey, den wir haben." gesucht. Es ist genau das, was Sebastian Vizcaino und Cabrera Bueno berichtet haben. 39

Portolá erinnerte sich an das gute Wasser im Lager am Rio del Cármelo und befahl die Expedition auf direktem Weg zur Cármelo -Bucht, während er mit Fages und Crespi um die Point of Pines herum vorrückte. Sie fanden es gut mit Kiefern bewachsen, von denen viele groß genug für die Masten eines Schiffes waren. Sie stießen auch an einem Punkt dahinter (Cypress Point) auf einen Zypressenhain und erreichten das Lager nach einem Fußmarsch von gut vier Meilen. Hier erwarteten sie die Ankunft der San Antonio.

Pinos gesichtet . Die Soldaten gaben Signale, auf die das Schiff mit seinen Kanonen antwortete und noch vor Einbruch der Nacht in der Bucht von Monterey vor Anker ging, die von den Seeleuten als der berühmteste Hafen bezeichnet wurde.

Am 3. Juni 1770, unter einem Schutz aus Ästen in der Nähe der Eiche, wo 1602 die Karmelitermönche von Vizcaino die Messe gefeiert hatten, Don Gaspar de Portolá mit seinen Offizieren, Soldaten und Leuten der Landexpedition, Fray Junípero Serra und Fray Juan Crespi , Don Juan Perez, Kapitän der San Antonio, Don Miguel del Pino, sein Stellvertreter, versammelten sich zusammen mit der Besatzung, um ein Präsidium und eine Mission einzurichten. Der Vaterpräsident sang die Messe und predigte aus dem Evangelium, während der musikalische Mangel durch wiederholte Schüsse aus den Kanonen der San Antonio und Salven aus den Musketen der Soldaten ausgeglichen wurde. Am Ende der religiösen Zeremonien nahm Don Gaspar de Portolá , Gouverneur der Kalifornier , im Namen seiner Majestät Don Carlos III., König von Spanien, das Land in Besitz, und das Präsidium und die Mission wurden von San Carlos de Borromeo de Monterey übernommen gegründet und etabliert, das erste Präsidium und die zweite Mission in Kalifornien.

In Übereinstimmung mit den Befehlen des Visitador -Generals übergab Portolá nun Leutnant Fages als Kommandant von Kalifornien das Kommando über die neuen Einrichtungen und segelte am 9. Juli auf der San Antonio nach San Blas, und Kalifornien kannte ihn nicht mehr.

DATEN ÜBER DON GASPAR DE PORTOLÁ, NACHDEM ER KALIFORNIEN VERLASSEN HATTE

Von EJ Molera

Portolá und Costansó segelten am 9. Juli 1770 nach Mexiko, um dem Vizekönig Bericht über ihre Entdeckungen zu erstatten. Costansó blieb in der Hauptstadt und beteiligte sich an mehreren Ingenieurarbeiten, unter anderem an der Karte des Tals von Mexiko und seiner Entwässerung. Die vom Autor in Mexiko und Spanien durchgeführte sorgfältige Suche nach der weiteren Geschichte von Portolá hat bisher kaum etwas ergeben, außer der Tatsache, dass auf die Rückkehr des Kommandanten in die Hauptstadt eine Beförderung vom Hauptmann zum Oberstleutnant der Königlich Spanischen Armee und seine Ernennung zum Oberstleutnant folgte Gouverneur von Puebla, 23. Februar 1777.

Im Stadtarchiv der Stadt Puebla findet sich auf Seite 33 des Folios für die Jahre 1776–1783 die folgende Beschreibung von Portolás Übernahme des Amtes als Gouverneur dieser Stadt und dieses Staates:

„Besitz des Gouverneurs Portolá ."

„In der Sitzung (Sitzung vom 23. Februar 1777) sah der Rat die Verleihung des königlichen Titels eines politischen und militärischen Gouverneurs dieser Stadt durch seine Majestät an Señor Don Gaspar de Portolá , Oberstleutnant der königlichen Armee und auch einen Vorgesetzten Befehl Seiner Exzellenz des Vizekönigs, Gouverneurs und Generalkapitäns dieses Neuspaniens, in dem angegeben ist, dass dieser Titel weitergeleitet wurde.

„Der Vorsitzende des Rates, stehend und unbedeckt, nahm den Titel in seine Hand, küsste ihn und streifte ihn über seinen Kopf. Es handelte sich um einen Brief des Königs, unseres Herrn, und er sagte, dass er gehorchen würde, und er gehorchte seinem Inhalt und In seinen Bestimmungen wurde angeordnet, dass Oberstleutnant Don Gaspar de Portolá das genannte Amt erhalten sollte, und zu diesem Zweck zog die genannte Adelskorporation mit den Herolden aus, um ihn zu diesem Sitzungssaal zu bringen, und als er dort war, a Nachdem der Notar seine Identität beglaubigt hatte, schwor er, das Amt des Gouverneurs treu und gut auszuüben, Gerechtigkeit zu üben, die Armen zu bestrafen und sie nicht mit übermäßigen Steuern zu belasten; die Rechte, Privilegien und königlichen Verordnungen zu wahren und für deren Einhaltung zu sorgen und Verordnungen usw.

„Nachdem er den Eid unterschrieben hatte, überreichte ihm der Präsident den Stock der königlichen Gerechtigkeit, womit der Besitzakt abgeschlossen war."

Im selben Band werden viele Dekrete und Verordnungen von Portolá als Gouverneur von Puebla unterzeichnet.

Portolá im Jahr 1779 noch Gouverneur von Puebla war, belegen zwei Originalmanuskripte, die sich im Besitz des Schriftstellers befanden. Eine davon ist eine offizielle Rundschreibenmitteilung an alle obersten Behörden Mexikos, in der der Tod von Vizekönig Frey Don Antonio Bucareli y Ursua bekannt gegeben und hiermit gezeigt wird; der andere ist ein Brief von Don Gaspar de Portolá vom 17. April 1779.

Brief des Vizekönigs von Neuspanien an Don Julian de Arriaga, in dem er über die Ankunft des Paketschiffs San Carlos in San Blas berichtet, das von der Vermessung des Hafens von San Francisco zurückkehrt. Dokument aus den Archives of the Indies, Sevilla.

"Mein lieber Herr:"

„Durch einen Kurier, der mir aus San Blas geschickt wurde, habe ich gerade erfahren, dass das königliche Paketschiff San Carlos unter dem Kommando des Leutnants der Fregatte Don Juan Manual Ayala mit Proviant und Gütern zum Hafen von Monterey und von dort zum Hafen von Monterey fuhr Hafen von San Francisco, Ankerung am 6. Inst. in San Blas.

„Eure Exzellenz wird in den von mir hiermit übersandten Kopien der umfassenden Untersuchung, die dieser Offizier und sein Pilot, Don José Cañizares , durchgeführt haben, im Detail alles sehen, was sich als vorteilhaft erwiesen hat, und die erhaltenen Nachrichten geben Aufschluss über all das, was so umfangreich ist." Der Hafen enthält und die Einrichtungen, die er hat, um 40 Schiffe zu invertieren. Die Fügsamkeit und die sanften Manieren der Heiden, die in seiner Nähe leben, wecken Hoffnungen auf die Nützlichkeit des Plans, dieses Land zu kolonisieren, den ich zuvor festgelegt hatte.

„Der Brief dieses Offiziers, von dem auch eine Kopie beiliegt, bestätigt alles und lobt die Großartigkeit der Aussicht auf den Hafen, des Wassers, des Holzes und des Ballasts, mit dem er reichlich vorhanden ist, und obwohl das Klima ziemlich kalt ist, ist es so." gesund und frei von den Nebeln, die man in Monterey findet."

„Er schildert, was bei seiner Rückkehr geschehen ist, und lobt die Verdienste des Piloten, Don José Cañizares , bei der Erfüllung des ihm anvertrauten Auftrags, und er empfiehlt ihn meiner Aufmerksamkeit, die ich der des Königs vorbehalte; at Gleichzeitig empfehle ich Ihrer Exzellenz, Seine

Majestät daran zu erinnern, dass dieser Pilot einer der nützlichsten ist, die das Departement San Blas hat, und dass er auf den Reisen, die er unternommen hat, immer die gleiche Ehre, das gleiche Verhalten und die gleiche Intelligenz an den Tag gelegt hat wie auf Derjenige, der gerade seinen Dienst beendet hat, hat aufgrund der Informationen und des Wissens, die er bei der Erfüllung seiner Pflicht gezeigt hat, einen solchen Vorteil."

„Für seine Belohnung halte ich ihn der königlichen Prämie würdig, ebenso wie den Leutnant der Fregatte, Don Juan Manuel de Ayala, für seinen Anteil an solch einer wichtigen Arbeit."

„Dass der Herr dich viele Jahre lang vor Schaden bewahren möge, ist mein Wunsch."

„ Exm °. Sr."

„Euer gehorsamster Diener, der Eurer Exzellenz die Hände küsst."

„ Bailio Frey D. Antonio Bucareli y Ursua ."

„Mexiko, 26. November 1775."

„An Seine Exzellenz Sr. Bailio Frey Don Julian de Arriaga."

Gründe, die die spanische Regierung dazu bewogen, eine Expedition zu entsenden

Auf See, um festzustellen, ob es an der Küste Kaliforniens russische Siedlungen gab, und um den Hafen von San Francisco zu untersuchen.

Pater Junípero Serra hatte Schwierigkeiten, von Kommandant Fages die Soldaten zu bekommen, die für die Gründung der geplanten Missionen erforderlich waren, und trotz seines hohen Alters beschloss er, in die Hauptstadt Mexikos zu gehen, um den Behörden seine Probleme vorzulegen. Er segelte am 19. Oktober 1772 mit dem Postschiff San Carlos von San Diego aus, erreichte Mexiko jedoch erst am 16. Februar 1773, da er in Guadalajara von Fieber heimgesucht wurde.

Vizekönig Bucareli , damals Kommandeur der Kolonie, erließ die Befehle, die er für Kalifornien für notwendig hielt, aber seine Befehle hätten nur geringe Wirkung gehabt oder wären dem langsamen Ablauf aller offiziellen Geschäfte gefolgt, wenn ihnen nicht ein äußerer Vorfall Kraft verliehen hätte.

Graf de Lacy, damals bevollmächtigter Minister Spaniens in St. Petersburg, teilte dem Hof in Madrid mit, dass die Russen die Küste Amerikas erkundeten. Er untermauerte seine Aussage mit Kopien der Zeitungen der russischen Hauptstadt 41 . Diese Nachricht mit den bestätigenden Beweisen wurde mit den königlichen Edikten vom 11. April und 23. September 1773 nach Bucareli geschickt .

Das Ergebnis dieser Informationen war eine bessere Organisation der Seefahrtsbehörde von San Blas und bessere Vorschriften für Kalifornien. Es wurde auch angeordnet, dass in San Francisco eine Einigung erzielt werden sollte; dass bessere Kommunikationsmittel zwischen San Diego und Monterey eingerichtet werden und dass eine Expedition geschickt werden sollte, um festzustellen, ob die Russen Siedlungen an der Küste Kaliforniens errichtet hatten.

DAS LOG DES SAN CARLOS

Alias Toison De Oro (Goldenes Vlies)

Unter dem Kommando des Leutnants der Fregatte der Royal Navy, Don Juan Manuel de Ayala

Vom Hafen von San Blas zum Hafen von San Francisco

Das erste Schiff, das den Hafen von San Francisco anläuft. Abschrift einer beglaubigten Kopie des Originals, jetzt im indischen Archiv in Sevilla, Spanien 42 .

Am 19. März 1775 ließ der Leutnant der Fregatte, Don Juan Manuel de Ayala, den Schoner unter seinem Kommando in der Nähe des weißen Felsens im Hafen von San Blas ankern und wartete darauf, dass die Fregatte Santiago zur Westküste Kaliforniens segelte Der Kommandant der Expedition, Don Bruno de Ezeta , befahl ihm, das Kommando über seinen Schoner an den Leutnant der Fregatte, Don Juan de la Bodega y Cuadra , zu übergeben und als ihr Kapitän, Don Miguel, das Kommando über das Paketschiff San Carlos zu übernehmen Manríque war krank und konnte die Reise nicht antreten. Ayala gehorchte dem Befehl und wartete bis zum Morgen des 21. auf die Rückkehr der Barkasse, die seinen Vorgänger nach San Blas brachte. Er bereitete an Bord alles vor, um der Fregatte und dem Schoner zu folgen, und bat den Kommandanten der Expedition, Don Bruno de Ezeta , etwas braunen Zucker und Proviant mit auf seine Fregatte zu nehmen, die er in seinem Boot nur an Deck unterbringen konnte, wo sie sich befanden kann beschädigt werden.

Am 21. um 15 Uhr segelte er vom Ankerplatz San Blas mit Ost-Nordost-Wind aus und kam am folgenden Tag in Sichtweite der Insel Isabela, die etwa fünf Meilen westlich lag. Am 23. kam er in Sichtweite der Maria-Inseln und sah die Fregatte und den Schoner südöstlich der Inseln fahren, wo er sie aus den Augen verlor. Gegenwinde und ruhiges Wetter verhinderten, dass die San Carlos nennenswerte Fortschritte machte. Am 26. schickte Ayala seinen Piloten los, um zu sehen , ob er etwas Wasser besorgen könne, um das zu ersetzen, was er verbraucht hatte43 . Der Pilot konnte nicht landen und bekam daher kein Wasser. Am 2. April sah er Mazatlan und das Paketschiff Concepcion. Am nächsten Tag näherte er sich der Concepcion und der Kapitän teilte ihm mit, dass er den Gouverneur von Kalifornien 44 an Bord habe . Von Concepción erhielt Ayala sechs Fässer Wasser. Am 4. April ereignete sich ein schwerer Unfall des Kommandanten. Als sein Vorgänger krank wurde, besaß er mehrere geladene Pistolen. Ayala befahl, sie dort zu platzieren, wo sie niemanden verletzen könnten. Dabei stürzte einer und wurde abgefeuert, wobei die Kugel zwischen der zweiten und dritten Zehe in den Fuß des Kommandanten eindrang und unter der großen Zehe wieder austrat. Dieser Unfall führte dazu, dass er sein Bett behalten musste.

Am 7. April wurde das Kap San Lucas im Norden gesehen, etwa zwei Meilen entfernt. Am 8. wurde das Kap San Lucas im Westen gesehen, etwa zwölf Meilen entfernt. Aufgrund der Gegenwinde kam es nur sehr langsam vorwärts nach Norden. Am 22. Juni, als sie etwas Pech erwärmten, um die Barkasse abzudichten , geriet sie in Brand, konnte aber gelöscht werden, bevor großer Schaden angerichtet wurde. Am selben Tag wurden Hinweise auf Land festgestellt und einige Wale gesichtet, was nach Ansicht der Seeleute das erste Anzeichen von Land ist. Am folgenden Tag sahen sie einige Robben, was nach Aussage der Seeleute das zweite Zeichen von Land war. Am 24. sahen sie einige Enten, was ihrer Meinung nach ein Beweis dafür sei, dass Land in der Nähe sei . Am selben Tag wurde um 16 Uhr Land gesichtet; Im Norden waren die North Farallones von San Francisco und im Südosten Point Año Nuevo zu sehen. Um 19 Uhr wurden die South Farallones in einer Entfernung von etwa zwei Meilen nordöstlich gesehen. Die Variation der Nadel wurde beobachtet und ergab 13° E.

Am nächsten Tag um 9 Uhr morgens, als sich der Nebel lichtete, war Land zu sehen und der Punkt Año Nuevo im Nordwesten etwa drei Meilen entfernt zu erkennen. Zur Mittagszeit wurde der Sonnenstand gemessen und der Breitengrad 36° 58' ermittelt. Um 15 Uhr nahmen sie Kurs auf Point Pinos , dieser war jedoch aufgrund des Nebels nicht zu sehen. Um 16 Uhr lichtete sich der Nebel und um 17 Uhr sahen sie den Punkt, der den Hafen von Monterey schützt. Die Variation der Nadel wurde beobachtet und ergab 12° 58' E. Sie hatten einige Schwierigkeiten, einen guten Ankerplatz zu finden, aber schließlich gelang es ihnen auf sandigem Grund.

Am 26. Juni schickte Kommandant Ayala seine Barkasse mit Post und Dokumenten an Land, und bei der Rückkehr wurde das Schiff festgemacht.

Ayala blieb bis zum 26. Juli im Hafen von Monterey. Während dieser Zeit lud er seine Ladung ab, holte Ballast, Wasser und Treibstoff, reparierte Segel und reparierte das Schiff, was dringend nötig war, da das sechste Brett am Achterdeck unter Wasser sein musste auf einer Länge von anderthalb Metern ersetzt.

Er machte sich bereit, zum neu entdeckten Hafen von San Francisco aufzubrechen.

Ausgehend vom Schutz von Monterey, gelegen auf 36°° 33' Breite und 16° 45' westlicher Länge von San Blas, bis zum neu entdeckten Hafen von San Francisco, 26. Juli 1775.

An diesem Tag war das Segeln wegen des Gegenwindes nicht möglich.

Am 27. Juli schleppte die Barkasse die San Carlos, bis sie in die Reichweite eines Südwestwinds kam und in nordwestlicher Richtung 45 segelte . Zur Mittagszeit wurde Point Pinos in einer Entfernung von fünf Meilen und 13° nach Süden gesehen; um 15 Uhr war es aus dem Blickfeld verschwunden. Sehr bald darauf kam Point Año Nuevo in Sicht und das angrenzende Land, etwa vier oder fünf Meilen entfernt. Vom 28. Juli bis zum 3. August kam es wegen Gegenwinden aus Nordwest nur zu geringen Fortschritten. Am 3. August um 13 Uhr wurde im Osten, 1/4 Nordosten, etwa zwölf Meilen entfernt, Land gesehen. Es wurde festgestellt, dass es sich um Point Año Nuevo handelte. Um 19 Uhr kam ein weiterer Punkt in Sicht, der 1/4 Nordosten nach Norden ausgerichtet war, etwa zwölf Meilen entfernt, und der als Point Reyes galt. Um 22.00 Uhr steuerte die San Carlos bei Nordwestwind westsüdwestlich und behielt diesen Kurs bis 8.00 Uhr des 4. bei, als die Peilung nach Nordnordost geändert wurde. Am Mittag wurde der Sonnenstand gemessen und der Breitengrad 37° 11' und der Längengrad 17° 51' westlich von San Blas ermittelt. Am 4. August um 18 Uhr wurde der südlichste Farallon des Hafens von San Francisco im Nordwesten gesehen, etwa acht Meilen entfernt. Das Land im Norden war Point Reyes, mit 4° westlicher Breite, etwa vierzehn Meilen entfernt. Um halb elf wurde der Kurs, da die Küste nahe war, nach Südsüdwesten geändert, bis er am 5. August um 3 Uhr morgens erneut nach Nordnordost (5° Nord) geändert wurde, um das Schiff bei Sonnenaufgang an den Punkt zu bringen Es war am Vortag bei Sonnenuntergang. Um 5 Uhr morgens wurden vier der Farallones von San Francisco im Nordnordwesten gesehen, vier Meilen entfernt. Point Año Nuevo lag südöstlich 1/4 östlich von zwölf bis vierzehn Meilen und Point Almejas nordöstlich 4° östlich, drei Meilen entfernt. Um 8 Uhr morgens, als er sich in der Nähe von Land befand, senkte Kommandant Ayala die Barkasse, und Pilot Cañizares wurde mit zehn Männern losgeschickt, um nach einem Ankerplatz zu suchen, während die San Carlos weiter an der Küste entlangfuhr. Um 9 Uhr war eine starke Strömung zu spüren, die sie ins Meer trieb, aber um 11 Uhr wurde beobachtet, dass sich das Schiff der Küste näherte, was den Kommandanten davon überzeugte, dass es an der Flut lag, und dies wurde durch die Sondierungen bestätigt; Beim Einlaufen in den Hafen ging, wie beim ersten Mal, die Ebbe zurück, und beim zweiten Mal kam die Ebbe. Der Sonnenstand wurde am Mittag dieses Tages mit größter Sorgfalt gemessen, und der Breitengrad betrug Es wurde festgestellt, dass der Breitengrad 37° 42' und der Längengrad 17° 14' W. von San Blas beträgt. Zu dieser Zeit lag Point Año Nuevo etwa vierzehn Meilen südöstlich südlich; die Farallones im Nordwesten, vier Meilen entfernt, und Point Reyes nördlich 1/4 nordöstlich, vier Meilen entfernt. Der Wind kam aus Westen. Um 16 Uhr wurde das Schiff nach Nordnordost gesteuert, und eine halbe Stunde später wurden Sondierungen vorgenommen und der Boden bei sechzehn Brazas 46 aus Schlamm und Sand, etwa zwei Meilen von der Mündung entfernt, gefunden. Um 17 Uhr wurde Grund bei fünfzehn Brazas gefunden , mit dem gleichen Bodenmaterial. Die Sondierung wurde fortgesetzt und es wurde festgestellt, dass der Boden den Angaben auf der großen Karte entsprach. Die Strömung an der Mündung dieses Hafens war so stark, dass sie um 20.30 Uhr bei starkem West-Südwest-Wind und vollen Segeln nicht mehr als anderthalb Meilen pro Stunde zurücklegen konnten, was deutlich wird dass die Strömung in der Mitte des Kanals mindestens sechs Meilen betragen muss. Die Schnelligkeit der Strömung, die Tatsache, dass die Barkasse nicht zurückgekehrt war und die Nacht hereinbrach, machten es notwendig, einen Ankerplatz zu suchen; dies geschah mit großer Sorgfalt und Vorsicht; Da die Stärke des Windes es erforderlich machte, volle Segel zu haben, befürchtete man, dass ein Teil der Takelage nachgeben könnte. Aus diesem Grund wurden kontinuierlich Sondierungen mit einem 20-Pfund-Gewehr durchgeführt. Blei, und eine Reihe von sechzig Brazas konnte weder im Kanal noch in der Nähe der Spitze den Grund erreichen. Dies schien sehr seltsam, bis man erkannte, dass die Strömung das Blei trug und es nicht den Boden erreichte. Sie machten so weiter, bis sie eine Meile innerhalb der Mündung der Bucht und eine Viertelmeile vom Ufer entfernt waren, als der Wind plötzlich aufhörte. Als man feststellte, dass die Strömung das Schiff in Richtung der Mündung trug, wurde ein Anker über Bord geworfen, nachdem man ihn am großen Mast befestigt hatte, damit er nicht verloren ging, wenn er nicht den Grund erreichte. Es wurde festgestellt, dass der Anker hielt. Zwei weitere Anker wurden zum Auswerfen vorbereitet, für den Fall, dass der große Anker schleifen sollte. Als der Wind aufhörte und die Strömung nachließ, befand sich das Schiff in 22 Brazas mit sandigem Grund 47 .

Am 6. August um 6 Uhr morgens erreichte das Schiff das Schiff, das seit Sonnenuntergang am Tag zuvor nicht mehr gesehen worden war. Der Lotse wurde gefragt, warum er dem Schiff nicht entgegengekommen sei, als er es auf der Suche nach der Einfahrt in die Bucht ans Ufer segeln sah, und antwortete, dass er um 18 Uhr östlich der Einfahrt einen geeigneten Hafen für das Paketboot gesehen habe. Als er versuchte auszulaufen, waren die durch die Strömung verursachten Strudel und Wirbel so groß, dass es unmöglich war, voranzukommen, da die Strömung ihn zurück zum Ufer trug, so dass er beschloss, im Hafen zu bleiben, den er zu verlassen versucht hatte . Dies und die Tatsache, dass die Männer entlassen wurden, ließen ihn bis 4 Uhr morgens warten, als er erneut versuchte hinauszugehen, mit dem gleichen Ergebnis wie zuvor. Während er versuchte herauszukommen, sah er das Paketboot, und als er den Bug auf sie richtete, hatte er keine Schwierigkeiten, es zu erreichen.

Um 7 Uhr morgens schickte der Kommandant den Lotsen los, um einen westnordwestlich gelegenen Hafen zu untersuchen. Er fand es nutzlos, denn obwohl es ausreichend Wasser gab, bestand der Boden aus klebrigem

Schlamm. Da Ayala damals keinen Schutz brauchte, fuhr er nicht in diesen Hafen ein, weil er Angst hatte, seinen Anker im Schlamm zu verlieren, und auch weil er von Süden nach Osten offen war, obwohl der Wind vom Land kam war etwa zwei Meilen vom Hafen entfernt 48 . Er nannte diesen Hafen „ Carmeita ", weil sich darin ein Felsen befand, der einem Mönch dieses Ordens ähnelte. In seiner Nähe befand sich ein Indianerdorf, dessen Bewohner aus ihren Hütten kamen, schrieen und dem Schiff Zeichen gaben, sich ihnen zu nähern. Als die Seeleute Sondierungen machten und sich der Küste näherten, stellten die Indianer eine Stange auf, an deren Spitze sich eine große Anzahl Federn befand. Da die Matrosen keinen Befehl hatten, ihnen zu antworten, blieben sie in einiger Entfernung vom Ufer. Die Indianer, die zweifellos dachten, die Seeleute hätten Angst vor ihnen, versuchten sie zu beruhigen, indem sie ihre Bögen auf den Boden fallen ließen, und nachdem sie mit den Pfeilen einen Kreis in der Luft beschrieben hatten, steckten sie sie in den Sand. Die Barkasse kam wieder an Bord, und bald darauf sprachen die Indianer von einem Landpunkt in der Nähe des Schiffes aus mit lautem Geschrei zu den Seeleuten, und obwohl ihre Stimmen deutlich zu hören waren, konnten sie mangels eines Dolmetschers nicht verstanden werden. Um 9 Uhr wurde die Barkasse erneut zu einem anderen Hafen im Norden geschickt, der besser geschützt zu sein schien und über bessere Ankerplätze verfügte 49 . Es war so, und als die Barkasse um 10 Uhr zurückkehrte, gab der Pilot an, dass er den Boden bei acht bis vierzehn Brazas gefunden habe und der Boden klebrig von Schlamm sei. Um 15 Uhr fuhr das Schiff in Richtung der untersuchten Stelle, konnte diese jedoch aufgrund einer starken Strömung nicht erreichen. Es wurde dann beschlossen, in fünfzehn Brazas , sandigem Grund, zu ankern, und sie blieben dort die ganze Nacht, während der sich das Schiff aufgrund der schlechten Qualität der Anker bewegte.

Am 7., um 9 Uhr morgens, wurde das Schiff in Richtung eines großen und hübschen Hafens gebracht, der geräumig schien. Es wurden Sondierungen durchgeführt und der Grund wurde bei zwölf bis vierzehn Brazas gefunden . Es war beschlossen worden, bis zum Ende zu fahren, aber die Flut war entgegengesetzt und es war notwendig, um 13 Uhr zum Schiff zurückzukehren. Indianer vom Ufer riefen den Männern mit lauten Schreien zu, und der Kommandant beschloss, die Barkasse loszuschicken mit dem Priester, dem Piloten und bewaffneten Männern, mit dem Befehl, die Indianer nicht zu belästigen, sondern sie gut zu behandeln und ihnen Geschenke zu machen, wozu der Kommandant den Männern Perlen und andere Schmuckstücke gab und ihnen befahl, gute Vorsichtsmaßnahmen zu treffen dass die Indianer, falls sie sich wehrten, problemlos zur Barkasse zurückkehren könnten, wo immer vier bewaffnete Männer zurückbleiben müssten, um den Rückzug zu schützen. Es ist wahr, dass man von dem Tag an, als man zum ersten Mal mit den Indianern Verkehr hatte, merkte, wie umgänglich und gastfreundlich sie waren und dass sie den größten Wunsch zeigten, dass die Spanier in ihr Dorf gingen, wo sie, wie sie sagten, essen und schlafen konnten. Sie hatten bereits am Ufer eine Mahlzeit aus Pinolen, Brot aus ihrem Mais und Tomaten davon zubereitet. Während die Spanier bei den Indianern waren, stellten sie fest, dass diese die spanischen Wörter mit großer Leichtigkeit wiederholten, und mit Zeichen forderten die Spanier die Indianer auf, an Bord des Paketbootes zu gehen, aber die Indianer machten dies auch durch Zeichen deutlich sollten die Spanier ihr Dorf besuchen, konnten sie nicht an Bord gehen. Nach einer Weile kehrten die Spanier zum Boot zurück und die Indianer verschwanden.

Am 8. wurde der Pilot mit Männern in der Barkasse geschickt, um die Bucht zu erkunden, und am 9. kehrte er zurück und erstattete seinen Bericht.

Am 12. wurde das Boot heruntergelassen, um nach einem besseren Ankerplatz in der Nähe von Angel Island zu suchen, der größten in dieser Bucht, und es wurden viele gute Plätze gefunden. Es wurde auch für eine gute Idee gehalten, eine andere Insel zu untersuchen, die sich als sehr steil und karg erwies und selbst für den Stapellauf keinen Schutz bot. Diese Insel wurde „Alcatraz" 50 genannt, weil es dort viele Vögel gab.

Am 13. bewegte sich das Schiff zu einem anderen Ankerplatz mit neun Brazas Wasser bei Pistolenschuss auf das Land. Am 21. kehrte der erste Pilot, Don José de Cañizares , von einer Expedition zurück, auf die er einige Tage zuvor geschickt worden war, und erstattete seinen Bericht. Am selben Tag begab sich der zweite Pilot, Don Juan B. Aguirre, mit frischen Leuten in die Barkasse, um zu versuchen, die Gruppe zu finden, die der Kommandant des Präsidiums versprochen hatte, sie auf dem Landweg nach San Francisco zu schicken. Der zweite Pilot sah die Gruppe nicht, sondern erkundete einen Estero, der etwa zwölf Meilen in das Land vordringt 51 .

Am 23. kamen fünfzehn Indianer auf einem Floß und wurden an Bord genommen, wo sie bewirtet und etwas zu essen bekamen. Sie lernten, auf Spanisch um Brot zu bitten.

Von diesem Tag bis zum 6. September wurden die Erkundungen der Bucht von San Francisco fortgesetzt, und der erste Pilot Don José de Cañizares wurde beauftragt, seinen Bericht und die Karte der Bucht anzufertigen.

Am 7. September wurde versucht, zur Rückfahrt in See zu stechen, doch das Ruder wurde durch einen untergetauchten Felsen beschädigt, auf dem die Strömung das Schiff getragen hatte.

Von diesem Tag bis zum 18. September verging die Zeit mit der Reparatur des Ruders und den Vorbereitungen für die Rückreise, die an diesem Tag stattfand und nach Monterey führte, wo sie am nächsten Tag ankamen.

Um die notwendigen Reparaturen am Schiff durchzuführen und die Tagundnachtgleiche gut geschützt zu überstehen, blieb die San Carlos bis zum 13. Oktober 1775 im Hafen von Monterey, als sie nach San Blas aufbrach, wo sie am 6. November desselben Jahres ankam .

Bericht von Don Juan Manuel de Ayala, Kommandeur des Packet Boat San

Carlos an Don Antonio Maria Bucareli, Vizekönig von Neuspanien, bei der Untersuchung des Hafens von San Francisco

Eure Exzellenz: – Ich habe die Befehle, mit denen ich das Kommando über die San Carlos übernommen habe, erfüllt und bin heute, am 6. November, in diesen Hafen von San Blas zurückgekehrt, nachdem ich die Häfen von Monterey und San Francisco besucht hatte.

Obwohl Ihre Exzellenz im Bericht über meine Untersuchung zusammen mit dem Bericht des Lotsen, Don José Cañizares ' Bericht über seine Untersuchung und der Karte, die er von diesem Hafen angefertigt hat, die Art der geleisteten Arbeit sehen werden. Dennoch möchte ich hier einen kurzen Bericht geben, der zeigt, dass der Hafen von San Francisco einer der besten ist, die ich an dieser Küste vom Kap Hoorn aus gesehen habe.

Nach einhunderteintägiger Fahrt erreichte ich den Hafen von Monterey, wo ich bis zum 27. Juli bleiben musste, um die Ladung zu löschen und einige für die Sicherheit meines Schiffes notwendige Reparaturen durchzuführen. Am 27. Juli machte ich mich auf die Suche nach dem Hafen von San Francisco, wo ich in der Nacht des 5. August ankam. Ich blieb dort vierundvierzig Tage und inspizierte selbst oder durch meinen Piloten mit größtmöglicher Genauigkeit alles, was mit dieser Angelegenheit zu tun hatte.

Es ist wahr, dass dieser Hafen gut ist, nicht nur wegen der schönen Harmonie, die die Aussicht bietet, sondern auch, weil es ihm nicht an sehr gutem Süßwasser, Holz und Ballast in Hülle und Fülle mangelt. Das Klima ist zwar kalt, aber gesund und frei von den störenden Nebeln, die wir täglich in Monterey hatten, da der Nebel hier kaum bis zur Hafeneinfahrt reicht und das Wetter im Hafen sehr klar ist. Zu diesen vielen Vorteilen kommt noch das Beste hinzu: und das ist, dass die heidnischen Indianer rund um diesen Hafen so beständig in ihrer guten Freundschaft und so sanft in ihren Manieren sind, dass ich sie mehrere Male mit Freude an Bord empfangen habe, und ich hatte das Seeleute besuchen sie häufig an Land; so dass sie vom ersten bis zum letzten Tag in ihrem Verhalten gleich blieben. Das brachte mich dazu, ihnen Schmuck, Perlen und Kekse zu schenken; Letzteres lernten sie, in unserer Sprache klar und deutlich zu fragen.

Es besteht kein Zweifel, dass diese gute Freundschaft für uns ein großer Trost war und es uns ermöglichte, die mir befohlene Aufklärung mit weniger Angst durchzuführen. Obwohl ich in einem Brief Eurer Exzellenz an meinen Vorgänger, Don Miguel Manrique, vom 2. Januar gelesen habe, dass es möglich sei, dass wir in San Francisco die von Kapitän Don Juan de Anza unternommene Landexpedition finden könnten; Aus diesem Grund habe ich das Angebot einer weiteren kleinen Landexpedition, das mir der Kapitän von Monterey, Don Fernando de Rivera, gemacht hatte, nicht abgelehnt. Ich habe keinen von ihnen gesehen, während ich in diesem Hafen blieb, aber ich habe die Erkundung aus diesem Grund nicht verschoben. Ich konnte dies alles nicht persönlich tun, da ich mich gerade von einer schweren Wunde am rechten Fuß erholte, die mir am 3. April durch den versehentlichen Abschuss einer doppelläufigen Pistole zugefügt worden war, die Don Miguel Manrique geladen in der Kabine gelassen hatte. Dennoch bin ich zufrieden, dass Don José Cañizares alles, was ich ihm anvertraute, mit seinem gewohnten Können erledigt hat. Ich erkläre daher Eurer Exzellenz (damit die Verdienste seiner Arbeit nicht außer Acht gelassen werden), dass er, solange er bei mir war, nicht nur mit seiner gewohnten Ehrlichkeit gehandelt hat, sondern auch so großes Talent in seinem Beruf gezeigt hat, dass in der Mitten in meinen Schwierigkeiten fand ich ihn zu jemandem, dem ich die heikleren Punkte meiner Pflicht anvertrauen konnte.

Am 7. September beschloss ich, den Hafen von San Francisco zu verlassen, da ich die Erkundung als abgeschlossen betrachtete, und dabei wurde ich, da kein Wind vorhanden war, von der starken Strömung gegen einige Felsen getrieben, verletzte das Ruder und brach zwei weibliche und eins männliche Bolzen. Dies zwang mich, in eine Bucht einzulaufen, wo ich den Unfall so gut wie möglich reparierte und erneut versuchte, hinauszusegeln, wobei eine leichte Brise aus dem Norden (die einzige, die ich in den vierundvierzig Tagen bemerkte) das Segeln erleichterte. Da am 18. das Ruder beschädigt war und diejenigen, die zuvor an dieser Küste gewesen waren, mich gewarnt hatten, dass das Wetter zu dieser Jahreszeit sehr streng sei, beschloss ich, die Tagundnachtgleiche in Monterey zu passieren, und kam dort am 19. an. In diesem Hafen fand ich die Fregatte Santiago. Der Schoner kam am 7. Oktober und ich brach am 13. nach San Blas auf, wo ich meine Füße satt habe, aber immer bestrebt bin, Eurer Exzellenz zu gehorchen.

Ich bitte den Herrn, das Leben Ihrer Exzellenz viele Jahre lang zu bewahren.

San Blas, 9. November 1775.

Juan Manuel de Ayala.

An Seine Exzellenz Bailio Frey Don Antonio Maria Bucareli .

Beschreibung des neu entdeckten Hafens von San Francisco

Liegt auf dem Breitengrad 37° 53' nördlicher Breite und dem Längengrad 17° 10' westlich von San Blas

Von Leutnant Don Juan Manuel Ayala

Etwa zwei Meilen westsüdwestlich von Point Almejas 52 , Breite 37° 42' gelegen, ist Folgendes zu sehen: Erstens ist es 53 groß, mit zwei roten Barrancas 54 , und zweitens, dass es im Norden drei weiße Felsen gibt nur einen Steinwurf entfernt 55 . Von diesem Punkt aus verläuft die Küste nordnordöstlich und bildet einen kleinen Hafen, in dem sich nahe der Küste fünf versunkene Felsen befinden. darüber einige weiße Barrancas 56 , die in einem abfallenden Schnabel enden, an dessen Spitze sich im Norden der sogenannte Angel Point 57 befindet . In der Nähe befinden sich mehrere Felsen 58 , der am weitesten entfernte ist nur einen Schuss entfernt. Von diesem Punkt aus gibt es einen Hafen, der für jedes Schiff 59 ausreicht , nicht nur wegen seines Bodens, sondern auch, weil er vor allen Winden außer denen aus West-Südwest geschützt ist. Die Mitte dieses Hafens liegt im Nordwesten, wo ein reichlicher Bach 60 m mündet ; Der Punkt verläuft nordöstlich und 1/4 östlich. Dieser Hafen und der darin gelegene Hafen, den ich San Jose 61 nannte , erwiesen sich als sehr gut, da vorherrschende Winde von Süden nach Nordwesten kamen.

Von Pt. Almejas im Nordwesten 1/4 West, vier Farallones sind zu sehen, etwa vier Meilen entfernt. Der südlichste sieht aus wie ein Zuckerhut. Im Nordwesten 1/4 nördlich, in einer Entfernung von etwa zwölf Meilen, ist ein Berg 62 zu sehen, der in einem niedrigen Punkt endet. Nach den Aufzeichnungen von Sebastian Vizcaino und Küstenpilot von Cabrera Bueno handelt es sich um den Punkt Reyes. Von diesem Punkt aus verläuft die Küste in Ost-Südost-Richtung in Form eines Halbmonds, offen für alle Winde des dritten Viertels und endet in zwei Barrancas, an deren Fuß ein Tiefpunkt mit zwei untergetauchten Felsen hervortritt. Dieser Punkt wurde Santiago 63 genannt und bildet zusammen mit einem Punkt namens Angel de la Guarda die Mündung des Kanals der Hafeneinfahrt 64 . Wenn man dieser Küste in nordöstlicher Richtung folgt, findet man innerhalb von drei kleinen Felsen nahe der Küste einen weiteren Hafen, der im Bedarfsfall jedem Schiff Schutz bieten kann. Dieser Hafen 65 endet im Norden mit einer großen, steilen und gebrochenen Landzunge, an deren Fuß sich ein weißer Farallon befindet , dem und der Landzunge ich den Namen San Carlos 66 gegeben habe , und mit der Landzunge San José Die etwa eine halbe Meile entfernte Stadt bildet die Einfahrt zu diesem berühmten Hafen. Es ist zu bedenken, dass jedes Schiff, das in diesen Hafen einläuft oder ihn verlässt,

Vorsichtsmaßnahmen treffen muss, um nicht in die Nähe von San Carlos Point zu kommen, da an diesem Ort heftige Strudel existieren, die das Ruder unbrauchbar machen, sondern in der Mitte des Kanals oder in der Mitte des Kanals fahren müssen Segeln Sie in der Nähe der Küste von San José Point.

Im Nordosten, 1/4 nördlich der Mitte des Eingangs, ist eine Insel 67 zu sehen, etwa anderthalb Meilen entfernt. Diese Insel teilt das Wasser der Flut in zwei Kanäle, in denen ein Schiff ankern kann, insbesondere in dem Kanal, der nordöstlich 1/4 nördlich in der Nähe der Insel verläuft, wo Wasser und Holz im Überfluss vorhanden sind. Die Nähe der Insel bietet so gute Ankerplätze, dass ein Schiff in Pistolenschussweite vom Ufer ankern kann.

Östlich-nordöstlich von Point San José gibt es einen geschützten Binnenhafen, dessen Grund sich allmählich zum Ufer hin verringert, wo es Wasser und etwas Holz gibt 68 . In diesem Hafen gibt es keine Strömung, und aus diesem Grund und weil er so nahe an der Stelle liegt, die ich für einen der besten Ankerplätze halte.

Sobald die Punkte San José und San Carlos passiert sind und man darauf achtet, den Hauptkanal auf einer Seite zu lassen, kann man an jedem Ort ankern, da er vor allen Winden geschützt ist; Das Einzige, was man meiden sollte, ist die Strömung, die im Hauptkanal fünf Meilen und in seinen Seitenarmen drei Meilen lang ist.

Dieser Bericht wurde mir von Pilot Don José Cañizares übermittelt , dem ich die Untersuchung des Hafens anvertraute, da ich schwer krank war.

Aufklärung des Hafens von San Francisco, mit Karte

Bericht des Piloten Don José de Cañizares an Kommandant Don Juan de Ayala

Übersetzung einer beglaubigten Kopie des Originals im indischen Archiv in Sevilla.

Sehr geehrter Kapitän: – Während der vier Male, in denen ich diesen Hafen erkundete und seine Karte erstellte, fand ich im Nordosten und Nordnordosten das, was auf der Karte dargestellt ist und was ich hier beschreibe. Nordnordöstlich von Angel Island, etwa eine Meile entfernt, befindet sich eine Bucht, die von Nordnordwesten nach Südsüdwesten verläuft. Der Abstand zwischen den Punkten, die diese Bucht bilden, beträgt etwa zwei Meilen, und die Küstenlinie beträgt ungefähr zweieinhalb Meilen. Nordwestlich des Ufers befinden sich drei kleine Inseln, die zwischen ihnen und dem Ufer einen schmalen, nach Südwesten geschlossenen Kanal mit flachem Wasser bilden. Diese Bucht ist vollständig von Hügeln mit wenigen Bäumen umgeben, bei denen es sich hauptsächlich um Lorbeer- und Eichenbäume handelt. In einiger Entfernung im West-Nordwesten ist jedoch ein Wald zu sehen, der scheinbar aus Kiefern besteht. In der Mitte dieser Bucht steht ein hoher Farallon , umgeben von untergetauchten Felsen. Nordöstlich davon gibt es ausreichend Wasser zum Ankern, wie auf der Karte zu sehen ist. Es besteht kein Zweifel daran, dass es sich um einen guten Ankerplatz für Schiffe handelt, sofern sie über gute Kabel und Anker verfügen, da sie aufgrund der Strömung, die zu diesem Zeitpunkt nicht weniger als vier Meilen pro Stunde betragen darf, einer großen Belastung ausgesetzt sind 69 .

Nordnordöstlich dieser Bucht gibt es eine etwa zwei Meilen breite Mündung, an der sich vier kleine weiße Felsen befinden, von denen die beiden nördlichen mit den beiden südlichen einen Kanal von neun Brazas Tiefe bilden . Von hier aus gelangt man zu einer anderen, weitläufigeren Bucht , deren Durchmesser etwa acht Meilen beträgt und deren Form ein perfektes gleichschenkliges Dreieck ist; Seine Mündung ist in zwei Kanäle geteilt, von denen einer auf der Seite der Südwestküste etwa in einer Entfernung von einer Meile nach Nordwesten abbiegt und in zwei großen Häfen endet, die an derselben Küste in einer Entfernung von etwa vier Meilen von der Küste liegen Mund, der mit der ersten Bucht kommuniziert; Von der nordwestlichen Spitze des äußersten Hafens nördlich davon, etwa anderthalb Meilen entfernt, ist bei einer Wende nach West-Nordwest ein großes Gewässer zu sehen, das ich wegen des Kanals nicht untersucht habe führt dazu, dass es äußerst begrenzt ist und nicht drei Codos 73 Wasser tief ist ; HYPERLINK "https://gutenberg.org/files/4978/4978-h/4978-h.htm" \l "linknote-73" Von hier aus folgt in Ost-Nordost-Richtung eine tief liegende Insel knapp über dem Wasserspiegel, die in einer durch die Hügel gebildeten Teilung endet 74 . Der andere Kanal, der geräumig und tief ist, verläuft direkt in nordöstlicher Richtung, bis er durch eine in derselben Richtung verlaufende Schlucht die Teilung der Hügel erreicht .

Die gesamte Bucht, die runde Bucht (Bahia Redondo) genannt wird, obwohl sie nicht so geformt ist, ist von steilen Hügeln ohne Bäume umgeben, mit Ausnahme zweier Stellen an den Hängen vor den beiden Häfen im Südwesten. Der Rest ist trocken, rau und melancholisch. Außerhalb der Kanäle gibt es in dieser Bucht etwa fünf Codos Wasser, bei Ebbe zweieinhalb, und an einigen Stellen ist es trocken. Das Betreten dieser Bucht ist nicht schwierig, das Verlassen wird jedoch aufgrund des Südwestwinds schwierig sein. Nach einer sorgfältigen Untersuchung des Ufers konnte ich weder Süßwasser noch Anzeichen dafür finden. Im nordöstlich gelegenen Cañon befindet sich ein Kanal, der 75 anderthalb Meilen breit, tief und klar ist. Östlich seines Eingangs befindet sich eine Ranchería mit etwa vierhundert Seelen. Ich hatte Geschäfte mit ihnen, kaufte aber nichts, schenkte ihnen aber Perlen, die du mir zu diesem Zweck geschenkt hattest, und ein paar alte Kleidungsstücke von mir. Ihre Bekanntschaft war für meine Männer und für mich von Nutzen, da sie uns exquisite Fische (darunter Lachs), Samen und Pinole bescherten. Ich hatte die Gelegenheit, sie viermal zu besuchen, und fand sie immer genauso freundlich wie beim ersten Mal. Ich bemerkte an ihnen höfliche Manieren und, was noch besser ist, Bescheidenheit und Zurückgezogenheit bei den Frauen. Sie neigen nicht zum Betteln, sondern nehmen mit Wohlwollen an, was ihnen gegeben wird, ohne unverschämt zu sein, wie es bei vielen anderen der Fall ist, die ich während der Eroberung gesehen habe. In diesem indischen Dorf gibt es einige Scows oder Kanus aus Tüll, die so gut gebaut und gewebt sind, dass sie bei mir große Bewunderung hervorriefen. Vier Männer steigen in sie ein, um angeln zu gehen, und schieben mit zweiseitigen Rudern so schnell, dass sie meiner Meinung nach schneller waren als die Barkasse. Dies waren die einzigen Indianer, mit denen ich in diesem nördlichen Teil Kontakt hatte.

Kanal folgt ein Stück westlich von seiner Mündung ein Hafen, der so geräumig, zugänglich, reich an Süßwasser und Holz und vor allen Winden geschützt ist, dass ich ihn für einen der besten Binnenhäfen hielt, die unser Souverän hat Ankern einer Flotte von Schiffen. Ich nannte es Puerto de la Asumpta , nachdem ich es am Tag des Festes dieses Heiligen 76 besichtigt hatte .

Südöstlich dieses Hafens 77 verläuft der Cañon weiter, bis er in den Kanal des Indian Village mündet. Nach einer Strecke von drei Meilen in Ost-Nordost-Richtung gelangt er in eine andere Bucht 78 mit einer Tiefe von dreizehn Brazas , die sich auf vier verringert, wo einige Flüsse 79 münden und das salzige Wasser aufnehmen, das dort süß wird, genau wie in a See. Die Flüsse kommen, einer von Ost-Nordost (dies ist der größte, etwa 250 Meter breit), der andere, der viele Zweige hat, kommt von Nordosten durch Tulares und Sümpfe in sehr flachem Land, die Kanäle nicht überqueren zwei Brazas mit Sandbänken an ihren Mündungen, wo ich beim Ertönen des Wassers nicht mehr als eine halbe Braza fand . Dies ließ mich denken, dass sie nicht befahrbar seien, insbesondere weil ich beim zweiten Mal, als ich sie betrat, sowohl in den Kanälen als auch auf den Balken den Grund berührte. Die Bucht, in der diese Flüsse münden, ist ein weiterer Hafen, der größer ist als die Asumpta , in die jedes Schiff einlaufen kann, aber es wäre schwierig, Holz zu bekommen, da es weit vom Ufer entfernt liegt. Die gesamte Ostküste ist mit Bäumen bedeckt; der Westen ist dürr, trocken, voller Heuschrecken und lässt sich nicht besiedeln. Das ist alles, was ich nördlich von Angel Island erkundet habe. Südöstlich dieser Insel folgt dem Estero folgendes:

Östlich dieser Insel, in einer Entfernung von etwa zwei Meilen, gibt es eine weitere, steile und karge Insel ohne jeden Schutz, die die Mündung des Kanals in zwei Teile teilt , durch die das Meer in einer Entfernung von etwa zwölf Meilen eindringt . Die Breite dieses Kanals beträgt an einigen Stellen eine, zwei und drei Meilen; seine Tiefe beträgt nicht mehr als vier Brazas , seine Breite ist groß, aber eine Pistolenschussweite außerhalb des Kanals; seine Tiefe beträgt nicht mehr als zwei Brazas . Das äußerste Ende dieses Sunds in östlicher Richtung bildet eine Spitze, eine Tasche, die bei Ebbe fast trocken ist 81 . Überall sieht man in den Schlamm getriebene Stangen mit schwarzen Federn, Tüllbüscheln und kleinen Muscheln, die meiner Meinung nach Bojen zum Angeln sind, da sie im Wasser liegen. Ich denke, dass es unmöglich sein wird, drei Meilen lang innerhalb dieses Sumpfes zu ankern, weil er so dem Wetter ausgesetzt ist, dass starke Kabel und eine gute Verankerung nötig sind, um der starken Strömung aus dem Norden standzuhalten.

Der nordöstliche Teil dieses Sumpfes ist von hohen Hügeln umgeben und hat an seiner Mündung einen dichten Eichenwald und am anderen Ende Wälder mit dichten Mammutbäumen. Im Südwesten der Küste befindet sich ein kleiner Sumpf, der nur mit Barkassen 82 befahrbar ist , und an der Küste gibt es zwei Häfen 83 , in denen Schiffe ankern können. Auf der östlicheren Seite gibt es ein Indianerdorf, rau, wie die in Monterey. Dieser Teil scheint bessere Orte für Missionen zu haben, obwohl ich ihn nur aus der Ferne untersucht habe.

Alles, was oben in diesem Bericht dargelegt wurde, ist das, was ich in den Tagen, in denen ich auf Ihren Befehl zur Erkundung dieses Hafens von San Francisco in seinem Inneren ging, beobachtet, gesehen, vermessen und erkundet habe; und als Beweis dafür unterschreibe ich es am 7. September 1775 in diesem neuen Hafen von San Francisco, im Schutz von Angel Island.

José de Cañizares .

Index der Orte

Acapulco

Insel Alcatraz

Almejas , El Rincon de las

Almejas , Punta del

Engelsinsel

Angel Point

Año Nuevo, Punta de

Arroyo de San Francisco

Arroyo Seco

Bakers Strand

Barranca

Ballenas-Bucht

Bonita, Point

Brazas

Kalifornien, Baja

Kalifornien, Golf von

Kanada

Cañada do los Osos

Cañada do San Andrés

Cármelo , Pt

Cármelo , Bucht

Cármelo , Rio del

Carquines , Meerenge

Cerralbo , Bucht von

Codo

Columbia-Fluss

Concepción, Laguna de la

Konzeption, Punkt

Diegueños

Drakes Bay

El Buchon

El Oso Flaco

Ensenada

   Farallones de San Francisco

   Farallones , Golf von

Florida

Fort Point

Goldenes Tor

Golden Gate, Meerenge

Guadalupe, See

   Islais -Bach

Jesus de los Zittern , Rio de

La Paz, Bucht von

La Paz, Hafen von

Kalkpunkt

   Lobos Creek

Loreto, Präsidium von

Los Angeles, Stadt

Los Angeles, Fluss

Napa Slough

Mare-Insel

Mendocino, Kap

   Mescaltitan

Missionsbucht

   Montara- Gebirge

Monterey, Bucht von

Monterey, Hafen von

Monterey, Präsidium und Mission von

Muertos, Punta de los

Navidad, Puerto de

Oakland Flats

   Pájaro , Rio del

Pedernales, Point

Philippinische Inseln

Pilar Point

   Pinos , Punta de

   Porciúncula , Genuss

Puerto Dulce

Punta del Angel de la Guarda

Presidio-Ankerplatz

   Ranchería

Reyes, Punta de Los

Reyes, Rio de Los

Richardsons Bucht

roter Stein

Ross, Fort

San Blas

San Buenaventura, Mission von

San Carlos, Punkt

San Clemente, Insel

San Corpóforo , Kanon

San Diego

San Diego, Bucht

San Diego, Gründung der Mission

San Diego, Präsidium von

San Elizario , Rio de

San Fernando, Tal

San Francisco, Bahia oder Puerto de

San Francisco, Bucht von

San Francisco, Hafen von

San Francisco, Bach

San Gabriel, Tal

Fluss San Joaquin

San Jose, Punkt

San Juan Capistrano, Mission von

San Lorenzo, Rio de

San Luis Obispo

San Luis Rey, Mission von

San Miguel (Insel)

San Nicolas, Isla de

Bucht von San Pablo

Bucht von San Pedro

San Pedro Point

San Pedro-Tal

Santa Ana, Rio de

Santa Barbara-Kanal

Santa Barbara Isla de

Santa Barbara Präsidium von

Santa Catalina, Insel

Santa Clara, Fluss

Santa Inez, Fluss

Santa Lucia, Sierra de

Santa Maria, Mission von

Santa Rosa, Fluss

Santa Susana, Sierra de

Sacramento, Fluss

Sal, Punkt

   Salines , Fluss

Santiago, Punkt

Robbenfelsen

Suisun-Bucht

Tamalpais, Berg

Die Brüder (Felsen)

Die Schwestern (Felsen)

   Tomales -Bucht

   Velicatá

Yerba Buena-Bucht

Personenverzeichnis

Aguilar, Martin

Aguirre, Juan B.

Alvarado, Juan Bautista

Amador, Pedro

Anza, Juan Bautista de

Arriaga, Julian de

Ayala, Juan Manuel

Bancroft, HH

Bodega y Quadra, Juan de la

Bolaños, Francisco

Bucareli , Antonio Maria

Bueno, Cabrera

Cabrillo, Juan Rodrigues

Cañizares , José

Carrillo, José Raimundo

Cermeñon , Sebastian

Coronado, Francisco Vasquez

Cortes, Hernando

Corvan , Toribio Gomez de

Costansó , Miguel

Cota, Pablo de

Crespi , Juan

Davidson, George

De Gali , Francisco

De Soto, Hernando

Drake, Francis

Estorace , Jorge

Fages , Pedro

Ferrelo , Bartolomé

Figueroa, Rodriga de

Fletcher, Francis

Galvez, José de

Gomez, Fray Francisco

Griffin, George Butler

Heceta , Bruno de

Jiminez (Fortun)

Laut , Agnes C.

Legaspi, Miguel Lopez de

Lummis, Chas. F.

Maldonado, Gabriel

Manrique, Miguel

Mendoza, Antonio de

Monterey, Conde de

Morgana, Juan de

Oliveros, José Ignacio

Ortega, José Francisco

Palou, Fray Francisco

Perez, Juan

Parron, Fray Fernando

Pino, Miguel del

Portolá , Gaspar de

Prat, Pedro

Rivera y Moncada, Fernando de

Salcedo, Felipe

Serra, Fray Junípero

Soberanes , José Maria

Vancouver, Kapitän George

Velasco, Luis de

Vila, Vicente

Vizcaino, Fray Juan

Vizcaino, Sebastian

Yorba, José Antonio

Zúñiga y Asevedo , Gaspar de

FUSSNOTEN:

1 [Sierra de Santa Lucia.]

2 [Audiencia, die höchste richterliche Instanz.]

3 [Das System der Encomienda verlieh den Entdeckern feudale Rechte. Die Indianer wurden Vasallen spanischer Herren.]

Barcoluengo, auf die Entdeckungsreise zur Küste der Südsee gegangen . Eine Lancha war ein kleines Schiff ohne Deck und nur mit einem Mast, das durch Schwungräder angetrieben wurde. Vanegas nennt das Gefäß eine Fragata . Ein Barcoluengo oder Barcolongo war ein langes offenes Boot.]

5 [Die zweite Reise von Vizcaino ist für Kalifornier von besonderem Interesse, da die von ihm den verschiedenen geografischen Merkmalen der Küste gegebenen Namen noch immer erhalten sind. Die Einzelheiten der ersten Reise stammen größtenteils aus den Veröffentlichungen der Dokumente der Southern California Historical Society in der Sutro-Sammlung.]

6 [Sutro Col. Pub. Südkalifornien-Hist. Gesellschaft .]

7 [Prof. George Davidson identifiziert den Rio de los Reyes als Rogue River in 42° 25'.]

8 [Über Cape San Quintin, den Breitengrad ihrer nördlichsten Mission.]

9 [Instruccion qua ha de Observer el Teniente de Infanteria . Dn Pedro Pages, 5. Januar 1769. Provinzialstaatspapiere; i , 38,9, Ms. Spanish Archives of California.]

10 [So genannt von der Cuera , einer Lederjacke , die von ihnen als Verteidigungsrüstung getragen wurde.]

11 [Draußen im Westen. März-Juli 1902.]

12 [Pfannkuchen.]

13 [Dead Men's Point. Der Name ist aus den modernen Karten verschwunden, findet sich aber auf allen alten. Es ist der Fuß der H Street, wo die Autos der Coronado-Fähre zum Kai abbiegen.]

14 [Ich bin mir durchaus bewusst, dass diese Behauptung von jemandem bestritten wird, dessen Studium der Originaldokumente und sein Analysevermögen ihn vielleicht zur größten Autorität der frühen kalifornischen Geschichte machen; aber ich bin dennoch bereit, meine Position zu behaupten.]

15 [Carga, 275 lbs.]

16 [Daher wurden die Präsidentensoldaten Soldados de Cuera genannt und so von den Soldaten der regulären Armee unterschieden.]

17 [Tagebuch Historico de los Reisen von Mar und Hochland in den Norden Kaliforniens. Frau Original in der Sutro- Bibliothek.]

18 [Die Liga ist die spanische Liga mit 5.000 Varas . 2,63 Meilen.]

19 [Sie gaben ihm auch den Namen Santa Ana, dessen Tag, den 26. Juli, sie gerade begangen hatten.]

20 [Manchmal auch „Große Begnadigung von Assisi" genannt – der große Ablass der Franziskaner. Ursprünglich dem heiligen Franziskus für die Kirche Unserer Lieben Frau von der Angeles of Porciúncula verliehen , wurde es durch ein apostolisches Indult erweitert, um das Kind des heiligen Franziskus zu begleiten, wo auch immer es sein mag. Es genügt ihm, einen Altar zu errichten, und dieser Altar wird für ihn die heilige Maria der Engel sein, und er wird dort die Porciúncula der Offenbarungen finden. Wer in der Kirche von Porciúncula beichtet und das Sakrament empfängt , dem wird die vollständige Vergebung seiner Sünden in dieser und der nächsten Welt gewährt. Dieser Genuss gilt nur für den 2. August, also vom Nachmittag des 1. August bis zum Sonnenuntergang des 2. August.]

21 [Diesem Vorfall verdankt die Stadt Los Angeles ihren Namen. Der vollständige Taufname der Stadt lautet Nuestra Senora La Reina de los Angeles – Unsere Liebe Frau, die Königin der Engel. Es wurde 1781 auf königlichen Befehl gegründet und war das zweite in Kalifornien gegründete Pueblo.]

22 [Ranchería ist der Name eines indianischen Dorfes oder einer indianischen Stadt.]

23 [Das Tal der Bären.]

24 [Die Tagebuchschreiber verwendeten das Wort cañada entweder auf einen Cañon oder ein offenes Tal.]

25 [Das Wort Ensenada , das von den spanischen Entdeckern häufig verwendet wird, bedeutet eine Bucht oder offene Reede, nicht eine geschlossene und geschützte Bucht.]

26 [" Transportar de Xamus al Modo que cominan las mujeres de Andalucia ," Crespi : Palous Noticias de la Nueva California, ii. 181.]

27 [Die auf diesem Streckenabschnitt angegebenen Namen sind alle verschwunden, werden hier jedoch als Vorschlag für die Ocean Shore Railroad angegeben.]

28 [Die Flöhe.]

29 [Man muss bedenken, dass das, was sie die Bucht oder den Hafen von San Francisco nannten, der Wasserabschnitt war, der von Point Reyes bis Point San Pedro reichte und später als Golf der Farallones bekannt wurde .]

Portolá von den Montara- Bergen aus sah, der Bruch in den Ballenos- Klippen war, ein tiefes, schmales Tal, das vierzehn Meilen direkt von der Ballenos- Bucht zur Tomales -Bucht verläuft.]

31 [Das Golden Gate und die Bucht von San Francisco.]

32 [Die Bucht von San Francisco wurde weiterhin „Estero" genannt, bis Colonel Anza 1776 das Präsidium und die Mission von San Francisco gründete.]

33 [Der heutige Name, Cañada de San Andres, wurde von Rivera am 30. November 1714 gegeben.]

34 [Im November 1774 kam Rivera auf einer Erkundungsexpedition auf die Halbinsel und errichtete an der Stelle, an der er 1769 bei der ersten Expedition sein Lager aufgeschlagen hatte, ein Kreuz, um den Ort für eine Mission zu markieren. Im März 1776 bemerkte Oberst Juan Bautista de Anza, als er zu ausgewählten Standorten für das Präsidium und die Mission von San Francisco kam, dieses Kreuz am Ufer des Arroyo de San Francisco (heute San Francisquito Creek), etwa hundert Schritte über dem großen Mammutbaum und sagt, dass der Plan für eine Mission dort aufgegeben wurde, weil der Bach im Sommer trocken war. Ich nehme diese Erklärung zur Kenntnis, weil eine hervorragende Autorität Portolás Lager am Redwood Creek lokalisiert hat .]

35 [Ich gebe Ortega die Ehre, das Golden Gate und die Straße von Carquinez entdeckt zu haben . Die Aussage scheint mir ausreichend.]

36 [Vizcaino an den König, 23. Mai 1603. Pub. Hist. Gesellschaft . of Southern California, Bd. ii, Teil 1.]

37 [Am Tag der Heiligen Unschuldigen war es nicht möglich, eine Messe zu halten. Es tut uns leid, denn es ist der einzige Festtag auf der Reise bis heute, an dem wir ohne Messe waren. Wir stecken in einem Schlammloch fest und können uns nicht von der Stelle bewegen, an der wir ganz durchnässt sind, und es ist nicht möglich, eine Journada in eine trockene Ebene zu machen, denn hier sprudelt Wasser auf – Crespi , Diario .]

38 [Crespi : Diario .]

39 [Palou: Noticias de la Nueva California.]

40 [Invernate – zum Winter.]

41 [Manuel Orozco y Berra, Apuntes Airs. la Historia de la Geografia an Mexico, Anales del Ministerio de Formento de la Republica Mexicana Tomo VI, p. 269. Dokumente im Archives of the Indies, Sevilla.]

42 [Dies ist eine Zusammenfassung des Dokuments. Eine vollständige Übersetzung wäre für ein Werk dieser Art zu aufwendig.]

43 [Auf den Tres Marias-Inseln.]

44 [Don Pedro Fages . Kommandant von Kalifornien, der abberufen worden war.]

45 [Bancroft. Hist. von Cal., sagt Ayala, segelte am 24. Juli von Monterey aus. Damit sollte das Segeln den Bancroft-Theorien entsprechen.]

46 [Braza – Fathom: Sechs Fuß.]

47 [Ayala ankerte in Port Point – dem Presidio-Ankerplatz.]

48 [Richardson's Bay.]

49 [Angel Island.]

50 [Alcatraz – Pelikan]

51 [Der südliche Teil der Bucht.]

52 [Pt. San Pedro.]

53 [Das heißt: Pt. Almejas oder Pt. San Pedro.]

54 [Barranca: Die Definition im Wörterbuch lautet „Schlucht" oder „Schlucht", es bedeutet aber auch „hohe Klippe" oder „Klippe" und wird in diesem Sinne von diesen Entdeckern verwendet.]

55 [dh: von Pt. Almejas .]

56 [Cliff Rouse Rocks.]

57 [Punta del Angel de la Guarda – Point Lobos.]

58 [Siegelfelsen.]

59 [Bakers Beach.]

60 [Lobos Creek.]

61 [dh: Innerhalb von Point San Jose – Fort Point.]

62 [Tamalpais]

63 [Punkt Bonita. Der heutige Name wurde ihm 1776 gegeben.]

64 [Golden-Gate-Straße.]

65 [dh: Der Außenhafen; außerhalb des Golden Gate.]

66 [Kalkpunkt.]

67 [Angel Island.]

68 [Der Presidio-Ankerplatz.]

69 [Dies ist das Gewässer zwischen Pt. San Pedro, Pt. San Pablo, Pt. Richmond und Tiburon-Halbinsel. Der hohe Farallon ist Red Rock.]

70 [Die Felsen sind die Schwestern und die Brüder.]

71 [San Pablo Bay.]

72 [Napa Slough. Das Sumpfgebiet stand offenbar unter Wasser, und Insel Nummer eins bildete zusammen mit Mare Island eine lange Insel.]

73 [Codo – 1 1/2 Fuß.]

74 [Mare Island. Die Teilung der Hügel oder des Canyons ist die Carquines-Straße.]

75 [Carquines -Straße.]

76 [Mariä Himmelfahrt – 15. August. Es ist die Bucht von Southampton .]

77
[Das heißt, aus Puerto de la Asumpta .]

78 [Suisun Bay.]

79 [Das Sacramento und San Joaquin. Die Bucht von Suisun war lange Zeit als Puerto Dulce – Süßwasserhafen – bekannt.]

80 [Yerba Buena oder Ziegeninsel. Cañizaries hat es auf der Karte (c) für die Isla do Alcatraces markiert , aber das war offensichtlich ein Fehler, wie ein Vergleich des Eintrags im Protokoll mit dem Datum 12. August mit der Karte zeigen wird.]

81 [Gezeitenflächen von Oakland und Berkeley.]

82 [Islais Creek.]

83 [Yerba Buena Cove und Mission Bay .]